小学生のための
文章レッスン

みんなに知らせる

宮川健郎　作　　藤原ヒロコ　絵

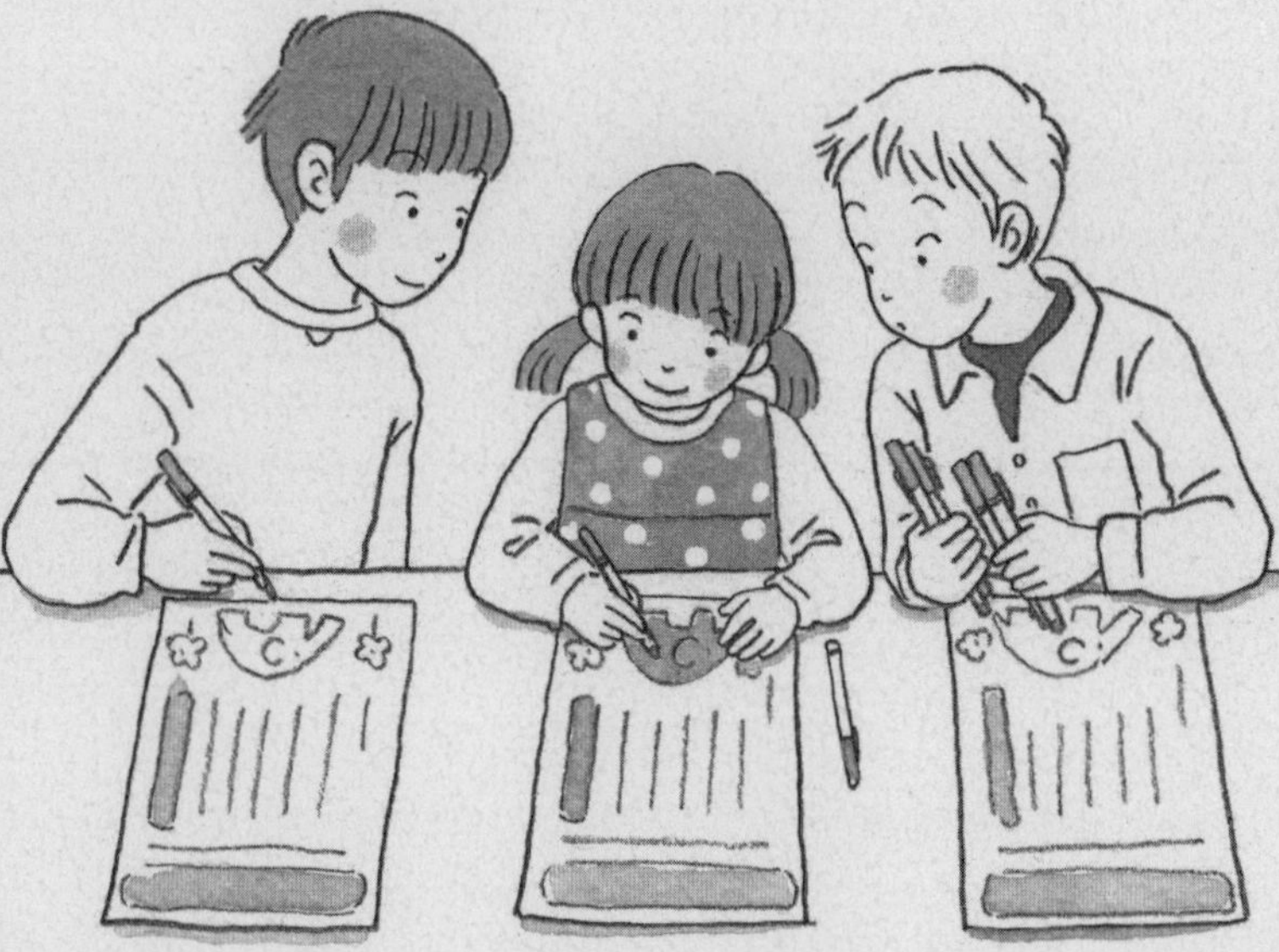

玉川大学出版部

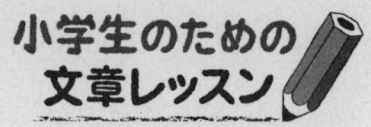

もくじ

清水耕介

小学生《しょうがくせい》のための文章《ぶんしょう》レッスン　みんなに知《し》らせる

はじめに――この本《ほん》を読《よ》んでくれるみなさんへ

この本《ほん》を読《よ》んでくれるみなさんのなかに、転校《てんこう》をしたことがある人《ひと》はいますか？

４年生《ねんせい》がもうすぐおわるころ、清水耕介《しみずこうすけ》は、宮城県《みやぎけん》の仙台市《せんだいし》から東京《とうきょう》へ転校《てんこう》することになります。10年以上《ねんいじょう》も仙台《せんだい》の会社《かいしゃ》ではたらいていた、おとうさんが、とうとう東京《とうきょう》の本社《ほんしゃ》へもどることになったのです。

仙台《せんだい》で生《う》まれた耕介《こうすけ》は、ほんとうは、東京《とうきょう》に行《い》きたくありません。それでも、おとうさんや家族《かぞく》といっしょに東京《とうきょう》へ行《い》くことになります。残念《ざんねん》だけれど、小学生《しょうがくせい》は、まだ、ひとりでくらすわけにはいかないものね。

そんな耕介《こうすけ》が、この小学生《しょうがくせい》のための文章《ぶんしょう》レッスン『みんなに知《し》らせる』の主人公《しゅじんこう》です。そして、耕介《こうすけ》のあいぼうになったのが松田良太《まつだりょうた》です。良太《りょうた》は、耕介《こうすけ》が引《ひ》っこした東京《とうきょう》の家《いえ》のすぐそばに住《す》んでいます。

みんなに知《し》らせるって、いったい何《なに》を知《し》らせるの?

それは、この本《ほん》を読《よ》んでくれればだんだんわかってくるのだけれど、耕介《こうすけ》が、はたして新《あたら》しいくらしや新《あたら》しい学校《がっこう》になじんでいけるかどうか、みなさんも、それを見守《みまも》ってくれますか。

はがきをもらった。返事《へんじ》を書《か》く

まず、はがきがとどいた

3月《がつ》になって1週間《しゅうかん》がすぎた。

おかあさんは、引《ひ》っこしの準備《じゅんび》をはじめた。きのうは、耕介《こうすけ》や夏美《なつみ》の夏《なつ》ものの洋服《ようふく》を段《だん》ボール箱《ばこ》につめていた。耕介《こうすけ》にも「まず、机《つくえ》のまわりを片《かた》づけなさい」といっていたけれど、耕介《こうすけ》は、やる気《き》にならない。

おとうさんの転勤《てんきん》が決《き》まったのは、去年《きょねん》の12月《がつ》26日《にち》だった。この日《ひ》、東京《とうきょう》に出張《しゅっちょう》中のおとうさんから家《いえ》に電話《でんわ》があって、転勤《てんきん》のことを聞《き》いたのだ。10年《ねん》以上《いじょう》も宮城県仙台市《みやぎけんせんだいし》ではたらいてきたけれど、とうとう東京《とうきょう》の本社《ほんしゃ》にもどることになったのだという。

おとうさんは、何年《なんねん》か前《まえ》から東京《とうきょう》にもどりたいといっていた。東京《とうきょう》には、おばあちゃん（おとうさんのおかあさん）がひとりでくらしている。おばあちゃんは、まだまだ元気《げんき》だけれど、もうすぐ70歳《さい》になる。おとうさんは、おばあちゃんのことが心配《しんぱい》なのだ。

耕介《こうすけ》は、ほんとうは東京《とうきょう》に行《い》きたくない。仙台《せんだい》で生《う》まれて、仙台《せんだい》で大《おお》きくなったのだし、3年生《ねんせい》になってからはじめたサッカーのチームメイトとわかれるのがつらい。転勤《てんきん》が決《き》まった日《ひ》の夜《よる》、ふとんに入《はい》ってから、こっそり泣《な》いた。

きょうも、ため息《いき》をつきながら家《いえ》に帰《かえ》ったら、リビングルームのテーブルの上《うえ》に、はがきが1枚《まい》のっていた。「清水耕介様《しみずこうすけ》」。はがきを出《だ》したのは「松田良太《まつだりょうた》」。東京《とうきょう》のおばあちゃんの家《いえ》の前《まえ》の道《みち》をわたった、すぐむこうに住《す》んでいる子《こ》だ。


こうすけくん、元気《げんき》ですか。

もうすぐ東京《とうきょう》に引《ひ》っこしてくるんだってね。こうすけくんのおばあちゃんから聞《き》きました。

学校《がっこう》で小野先生《おのせんせい》に話《はな》したら、「みんなで待《ま》ってるよって、いってね」といわれました。みんなで待《ま》ってるよ。サッカーしたり、いっぱいあそぼうね。

うちのおばあちゃんが「はがきを出《だ》したら?」といったから、書《か》きました。

住所《じゅうしょ》は、こうすけのおばあちゃんに聞《き》いたよ。

じゃあねー。

良太《りょうた》

へえー。年賀状以外《ねんがじょういがい》のはがきをもらうなんて、はじめてかもしれない。

良太《りょうた》は、耕介《こうすけ》と同《おな》じ小学《しょうがく》4年生《ねんせい》だ。幼稚園《ようちえん》のころから、東京《とうきょう》に行《い》くたびに、い

こうすけくん、元気ですか。
もうすぐ東京に引っこしてくるんだってね。
こうすけくんのおばあちゃんから聞きました。
学校で小野先生に話したら、「みんなで待ってるよって、
いってね」といわれました。
みんなで待ってるよ。サッカーしたり、
いっぱいあそぼうね。
うちのおばあちゃんが「はがきを出したら？」
といったから、書きました。
住所は、こうすけのおばあちゃんに聞いたよ。
じゃあねー。
良太

っしょにあそぶ。ことしのお正月《しょうがつ》には会《あ》わなかったけれど、去年《きょねん》の夏休《なつやす》みには、公園《こうえん》でサッカーのパスの練習《れんしゅう》をしたり、プールに行《い》ったり、3日《か》くらい、いっしょにあそんだ。

引《ひ》っこしのこと、東京《とうきょう》のおばあちゃんが良太《りょうた》に知《し》らせてくれたんだな。道《みち》で会ったときにいったのかな。おばあちゃんは、「良太《りょうた》くん、耕介《こうすけ》のことよろしくね」なんていったのかもしれない。それとも、わざわざ家《いえ》まで話《はな》しに行《い》ってくれたのかな。おばあちゃんから知《し》らせてもらうんじゃなくて、自分《じぶん》で良太《りょうた》に電話《でんわ》すればよかったな。

おばあちゃんから引《ひ》っこしのことを聞《き》いた良太《りょうた》は、学校《がっこう》の先生《せんせい》にも知《し》らせてくれたらしい。

「学校《がっこう》で小野《おの》先生《せんせい》に話《はな》したら、『みんなで待《ま》ってるよって、いってね』といわれました。みんなで待《ま》ってるよ。サッカーしたり、いっぱいあそぼうね」

ふーん。ランドセルをしょったまま、何回《なんかい》も読《よ》んだ。小野《おの》先生《せんせい》って、良太《りょうた》の担《たん》任《にん》の先生《せんせい》だな。前《まえ》に、良太《りょうた》や耕介《こうすけ》のおかあさんくらいの年《とし》の、女《おんな》の先生《せんせい》だって聞《き》いたことがある。

「みんなで待《ま》ってるよ。サッカーしたり、いっぱいあそぼうね」

ふふふっ。東京《とうきょう》に行《い》くのも、ちょっといいかもな。

一足先《ひとあしさき》に行《い》くはがき

良太《りょうた》からきたはがきは、おかあさんにも夏美《なつみ》にも見《み》せたし、夕飯《ゆうはん》のときに帰《かえ》ってきた、おとうさんにも見《み》せた。

夕飯《ゆうはん》のあと、東京《とうきょう》のおばあちゃんに電話《でんわ》をして、はがきのことを話《はな》した。おばあちゃんは、「そりゃあ、いいはがきをもらったね。おばあちゃんから良太《りょうた》くんにお礼《れい》をいってもいいけれど、やっぱり自分《じぶん》で返事《へんじ》を書《か》いたら？　耕介《こうすけ》も、引《ひ》っこしの準《じゅん》備《び》でいそがしいかもしれないけれど……」といった。耕介《こうすけ》は、引《ひ》っこしの準《じゅん》備《び》が全然《ぜんぜん》できていないことを思《おも》い出《だ》したけれど、おばあちゃんには、「うん、返事《へんじ》を書《か》くよ」とこたえた。

耕介《こうすけ》との話《はなし》がすむと、おばあちゃんは、おかあさんにかわってくれという。おかあさんとおばあちゃんは、何《なに》か打《う》ち合《あ》わせをしている。

もうじき、東京《とうきょう》のおばあちゃんの家《いえ》に、耕介《こうすけ》たち4人《にん》がいっしょに住《す》むことになる。おばあちゃんの家《いえ》の2階《かい》を建《た》てましして、台所《だいどころ》とリビングルームをつくる計画《けいかく》だ。いま、町《まち》の工務店《こうむてん》の人《ひと》が毎日《まいにち》きて、工事《こうじ》をしてくれているらしい。

きょうは早《はや》く帰《かえ》ってきたけれど、転勤《てんきん》するおとうさんも、会社《かいしゃ》の引《ひ》きつぎの仕事《しごと》で、ずいぶんいそがしそうだ。送別会《そうべつかい》ももう、いくつかあったらしい。そのおとうさんに、「ねえ、うちに、はがきない?」と聞《き》くと、1枚《まい》くれた。

さっそく机《つくえ》にむかったけれど、まっ白《しろ》なはがきになんて書《か》いたらいいか、すぐにはことばが出《で》てこない。まず、「りょうたくん、はがきをありがとう」と書《か》けばいいのかな。

下書《したが》きをしたほうがいいかもしれないと考《かんが》えて、ランドセルから自由帳《じゆうちょう》を出《だ》して、白《しろ》いページに書《か》きはじめた。これなら、なんとか書《か》けそうだ。

できあがった下書《したが》きを見《み》ながら、はがきに鉛筆《えんぴつ》で、ゆっくり、ていねいに書《か》いていく。

りょうたくん、はがきをありがとう。読《よ》んで、とてもうれしくなって、家《いえ》のみんなにも見《み》せました。

うちのおばあちゃんから聞《き》いたそうですが、もうすぐ東京《とうきょう》に引《ひ》っこします。3月《がつ》29日《にち》にトラックがきて荷物《にもつ》を運《はこ》び出《だ》し、ぼくたちは3月《がつ》30日《にち》に、うちの車《くるま》で東京《とうきょう》へ行《い》くそうです。

引《ひ》っこしのこと、学校《がっこう》でも話《はな》してくれたんだね。小野先生《おのせんせい》や、クラスの人《ひと》たちに、よろしくいってください。

それでは、新学期《しんがっき》に東京《とうきょう》で。

じゃあねー。

耕介《こうすけ》

小《こ》がらな良太《りょうた》の、丸《まる》い顔《かお》を思《おも》いうかべながら書《か》く。引《ひ》っこしの予定《よてい》を書《か》くとき、

●コラム――はがき

日本郵便《にほんゆうびん》が発行《はっこう》しているはがきは、「通常《つうじょう》はがき」といい、1枚《まい》50円《えん》で、郵便局《ゆうびんきょく》やコンビニエンス・ストアなどで売《う》っています。はがきの値段《ねだん》には、はがきを送《おく》るための「送料《そうりょう》」がふくまれていますから、切手《きって》をはる必要《ひつよう》はありません。

まっ白《しろ》な画面《がめん》に書《か》いていきますから、字配《じくば》りに注意《ちゅうい》しましょう。自由《じゆう》に絵《え》をかいたりすることもできますね。

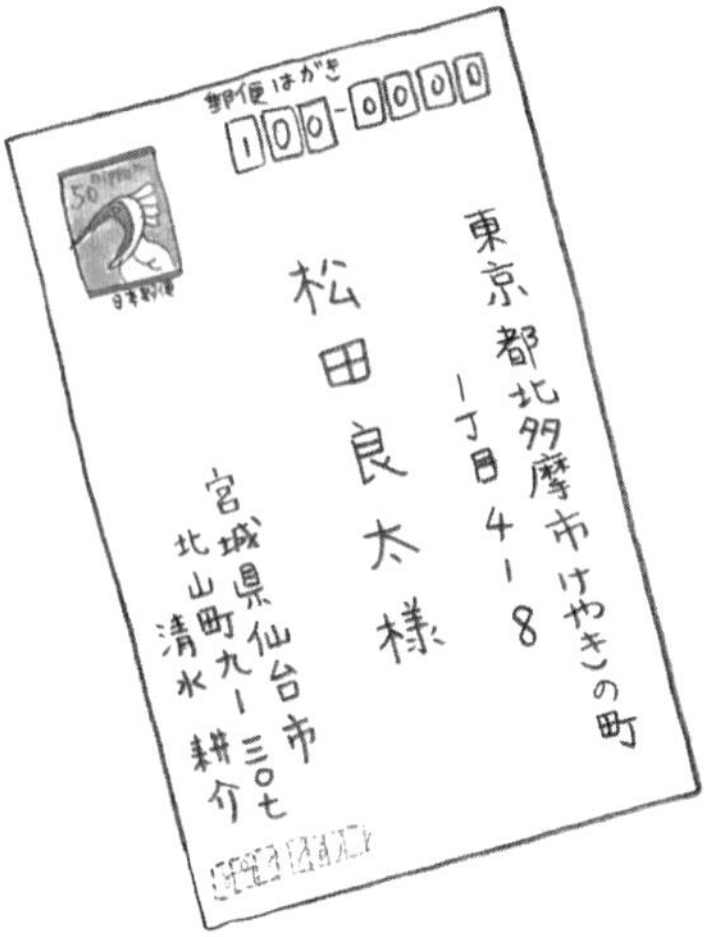

もしも書《か》ききれなかったら、表面《おもてめん》にはみ出《だ》して書《か》いてもいいですよ。はがき

を届《とど》ける、あて先《さき》の住所《じゅうしょ》と名前《なまえ》、差出人《さしだしにん》（あなた）の住所《じゅうしょ》と名前《なまえ》を書《か》くところだけはのこさないといけないけれど、裏《うら》からつづけて、下《した》のほうに書《か》いてもだいじょうぶです。

　自分《じぶん》のすきなきれいな紙《かみ》（厚紙《あつがみ》）を、はがきの大《おお》きさに切《き》って使《つか》ってもいいですよ。自分《じぶん》でつくったものや、観光地《かんこうち》で売《う》っている絵《え》はがきなどは、「私製《しせい》はがき」といいます。私製《しせい》はがきには、50円《えん》の切手《きって》をはってください（大《おお》きさによっては、追加《ついか》の料金《りょうきん》がかかることもあります）。

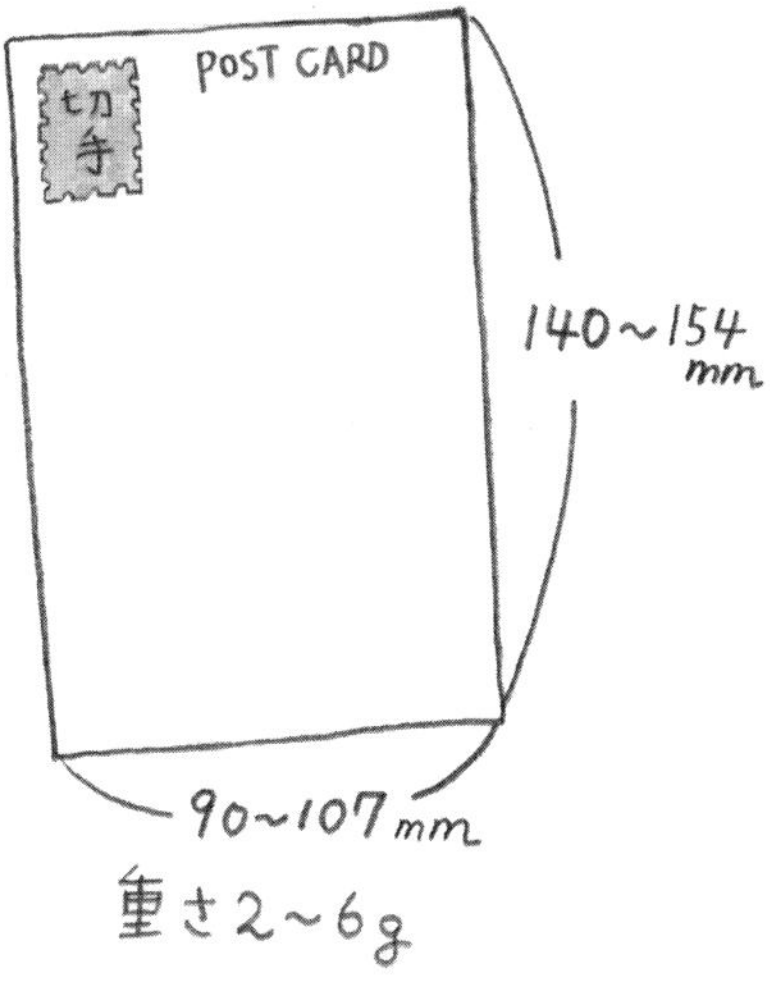

耕介《こうすけ》は、良太《りょうた》のはがきにあった「みんなで待《ま》ってるよ」ということばをまた思《おも》い出《だ》した。「小野先生《おのせんせい》や、クラスの人《ひと》たちに、よろしくいってください」と書《か》くとき、東京《とうきょう》のほうにむかって、おじぎをするような気《き》もちになった。

はがきの表《おもて》に、良太《りょうた》の住所《じゅうしょ》と名前《なまえ》を書《か》く。良太《りょうた》からもらったはがきを見《み》て、何《なん》度《ど》も確認《かくにん》しながら書《か》いた。

つぎの日《ひ》の朝《あさ》、学校《がっこう》に行《い》くとき、はがきをポストにいれた。ポストの前《まえ》で、もう一度《いちど》読《よ》み直《なお》す。「それでは、新学期《しんがっき》に東京《とうきょう》で」と書《か》いたのを見《み》ながら、そうか、このはがきのほうが先《さき》に東京《とうきょう》に行《い》くんだなと思《おも》った。はがきを投《な》げこんだら、すとんという小《ちい》さな音《おと》が聞《き》こえた。

「サクラの未来《みらい》」へ

良太《りょうた》にはがきを出《だ》したあとは、耕介《こうすけ》も、もうあきらめて、引《ひ》っこしの準備《じゅんび》に精《せい》を出《だ》した。本棚《ほんだな》の本《ほん》やマンガ、教科書《きょうかしょ》を段《だん》ボール箱《ばこ》につめていく。机《つくえ》の引《ひ》き出《だ》しの中《なか》のものを全部《ぜんぶ》出《だ》して、いらないものはすてたし、東京《とうきょう》にもっていくものは、やっぱり段《だん》ボールにいれた。ゲームなどのおもちゃも、段《だん》ボール箱《ばこ》へ。２年生《ねんせい》の夏《なつ》美《み》の本棚《ほんだな》、引《ひ》き出《だ》し、おもちゃ箱《ばこ》の片《かた》づけも、手伝《てつだ》ってやった。

引《ひ》っこしの準備《じゅんび》をしながら、耕介《こうすけ》はときどき、良太《りょうた》からのはがきを出《だ》して読《よ》んだ。

「みんなで待《ま》ってるよ」――だってさ。はがきは、引《ひ》っこしでどこかへ行《い》ってしまわないように、ランドセルのポケットにしまうことにした。

春休《はるやす》みにはいると、３年生《ねんせい》のときからやっているサッカーの同学年《どうがくねん》の友《とも》だちと、そのおかあさんたちがひらいてくれたおわかれ会《かい》や、同《おな》じマンションに住《す》んでいる小《ちい》さいころからあそび仲間《なかま》だった友《とも》だちとのおわかれ会《かい》があった。

３月《がつ》28日《にち》には、みんなで引《ひ》っこしの荷物《にもつ》を全部《ぜんぶ》つくった。おとうさんはもう、その前《まえ》の日《ひ》から会社《かいしゃ》を休《やす》んでいる。

３月《がつ》29日《にち》。朝《あさ》、運送屋《うんそうや》さんの大《おお》きなトラックがきて、引《ひ》っこし荷物《にもつ》を積《つ》みこんだ。トラックは、一足先《ひとあしさき》に東京《とうきょう》へむかう。

3月《がつ》30日《にち》、耕介《こうすけ》たちが東京《とうきょう》へ行《い》く日《ひ》だ。朝《あさ》、マンションの両《りょう》どなりや、耕介《こうすけ》や夏美《なつみ》の友《とも》だちのいる何軒《なんけん》かの家《いえ》をまわって、最後《さいご》のあいさつをした。おかあさんがドアにかぎをかけたとき、耕介《こうすけ》は、「もう、ここに入《はい》ることもないんだな、知《し》らない人《ひと》たちの家《いえ》になるんだな」と思《おも》った。

マンションの駐車場《ちゅうしゃじょう》で車《くるま》にのりこむ。東京《とうきょう》までは時間《じかん》がかかるから、おとうさんとおかあさんが交替《こうたい》で運転《うんてん》することになっている。耕介《こうすけ》と夏美《なつみ》は、うしろの座席《ざせき》にすわった。耕介《こうすけ》と夏美《なつみ》のあいだに、夏美《なつみ》がかわいがっているハムスターのハムちゃんのいるかごを置《お》く。さあ、出発《しゅっぱつ》だ。

車《くるま》は、仙台市内《せんだいしない》をぬけ、その先《さき》のインターチェンジから高速道路《こうそくどうろ》にのった。仙《せん》台市《だいし》のある宮城県《みやぎけん》から南《みなみ》へ走《はし》り、福島県《ふくしまけん》へ。福島県《ふくしまけん》のパーキングエリアのレストランでお昼《ひる》ごはんを食《た》べ、福島県《ふくしまけん》から栃木県《とちぎけん》へ……。

栃木県《とちぎけん》に入《はい》ってしばらくしたころ、助手席《じょしゅせき》にいたおかあさんが「あっ、サクラが咲《さ》いているわね」といった。車《くるま》の窓《まど》から、道路《どうろ》の下《した》のほうのサクラの木《き》が何本《なんぼん》か見《み》える。運転席《うんてんせき》のおとうさんが「二《に》、三分咲《さんぶざ》きだな」といった。「仙台《せんだい》のマンション

の前《まえ》の公園《こうえん》のサクラは、まだ、つぼみでもなかったのにね」とおかあさんがいう。

「ねえねえ、ぼくたち、サクラの未来《みらい》へむかっているんだね」

耕介《こうすけ》がいうと、まだ窓《まど》から外《そと》を見《み》ていたおかあさんがふりかえって、「えっ、どういうこと？」と聞《き》いてきた。

「仙台《せんだい》のサクラは、まだぜんぜん咲《さ》いていなかったでしょ。仙台《せんだい》のサクラから見《み》ると、サクラの未来《みらい》へむかっているんだよ」

おとうさんがすぐに、「おまえ、おもしろいことというな」といった。


さっきから、夏美《なつみ》が何《なに》もしゃべらない。シートにもたれて、じっとしている。つかれちゃったのかな。そう思《おも》っていると、急《きゅう》に話《はな》しはじめた。

「ねえねえ、きょう、おばあちゃんのうちに着《つ》いたら、いつもみたいに『こんにちは』っていったら、だめだよ。『ただいま』っていわなくちゃ」

おかあさんが、「そうね。きょうから、おばあちゃんのおうちが、夏美《なつみ》や耕介《こうすけ》のうちになるんだものね」と、ちょっとゆっくりいった。

耕介《こうすけ》は、去年《きょねん》のおわりに引《ひ》っこしが決《き》まってから、夏美《なつみ》は何《なに》を考《かんが》えてきたのかなと思《おも》った。自分《じぶん》のことでいっぱいになってしまって、あまり夏美《なつみ》と話《はな》さなかったな、もっと、夏美《なつみ》の話《はなし》を聞《き》いてやればよかったと思《おも》った。

東京《とうきょう》に入《はい》って高速道路《こうそくどうろ》をおりると、道路《どうろ》は渋滞《じゅうたい》していて、車《くるま》はのろのろとしか進《すす》まない。もう、うす暗《ぐら》くなった道《みち》を走《はし》っていると、大《おお》きな公園《こうえん》にさしかかった。道路沿《どうろぞ》いにサクラ並木《なみき》があって、もう満開《まんかい》だ。車《くるま》は、その下《した》を走《はし》っていく。夏美《なつみ》が「わあー、すごーい」と声《こえ》をあげる。おとうさんが、「小金井公園《こがねいこうえん》だよ。東京《とうきょう》のサクラの名所《めいしょ》のひとつだ」と教《おし》えてくれた。「東京《とうきょう》は、春《はる》が早《はや》いわね」と、おかあさんがいう。

それから20分《ぶん》くらい走《はし》って、やっと、おばあちゃんの家《いえ》に着《つ》いた。もう午後《ごご》7時《じ》をすぎている。いつもだったら玄関《げんかん》のチャイムをピンポンって鳴《な》らして、おばあちゃんに開《あ》けてもらうのだけれど、きょうは、おとうさんが自分《じぶん》のかぎを出《だ》して、ドアを開《あ》ける。

おとうさんが開《あ》けたドアに夏美《なつみ》がとびこんで、大《おお》きな声《こえ》で「ただいまー」という。耕介《こうすけ》も、おとうさんもおかあさんも、つづいて「ただいま」といった。おばあちゃんが、びっくりして出《で》てきて、それでも、「おかえり」といって、笑《わら》った。

みんなに知《し》らせる――手紙《てがみ》、ちらし、ポスター

新学期《しんがっき》の自己紹介《じこしょうかい》

4月《がつ》。耕介《こうすけ》は、東京《とうきょう》で新学期《しんがっき》をむかえた。けやきの町小学校《まちしょうがっこう》の5年生《ねんせい》になったのだ。

始業式《しぎょうしき》の朝《あさ》、松田良太《まつだりょうた》が耕介《こうすけ》の家《いえ》に立《た》ちよってくれて、いっしょに登校《とうこう》した。10分《ぷん》ほど歩《ある》いて、正門《せいもん》をくぐる。耕介《こうすけ》は、仙台《せんだい》のときよりも古《ふる》い学校《がっこう》だなと思《おも》った。

昇降口《しょうこうぐち》のところに机《つくえ》が出《だ》してあって、プリントが積《つ》まれていた。クラス分《わ》けの一覧表《いちらんひょう》だ。5年生《ねんせい》のぶんもあった。一枚《いちまい》もらった良太《りょうた》が、「やった!」といって、よろこんでいる。

5年生《ねんせい》は3組《くみ》まである。その最初《さいしょ》の1組《くみ》のらんに、良太《りょうた》も耕介《こうすけ》も名前《なまえ》があった。

担任《たんにん》は、小野恵子先生《おのけいこせんせい》だ。良太《りょうた》は、耕介《こうすけ》といっしょになったことも、担任《たんにん》が4年《ねん》生《せい》のときと同《おな》じ小野先生《おのせんせい》なのも、うれしいらしい。

ふたりでいっしょに5年《ねん》1組《くみ》の教室《きょうしつ》に入《はい》る。もう、教室《きょうしつ》には、みんなが集《あつ》まっていた。良太《りょうた》は、久《ひさ》しぶりに会《あ》った友《とも》だちに「やあ、元気《げんき》だった?」と声《こえ》をかけて、2、3人《にん》の子《こ》には耕介《こうすけ》を紹介《しょうかい》してくれた。「こいつ、清水耕介《しみずこうすけ》。仙台《せんだい》から転校《てんこう》してきたんだ。家《いえ》は、うちのすぐそば」なんていっている。

8時半《じはん》には、みんなで体育館《たいいくかん》に行《い》って、始業式《しぎょうしき》がはじまった。女《おんな》の校長先生《こうちょうせんせい》がお話《はなし》をして、今年度《こんねんど》から新《あたら》しくきたふたりの先生《せんせい》を紹介《しょうかい》した。

始業式《しぎょうしき》がおわって5年《ねん》1組《くみ》にもどると、小野先生《おのせんせい》がやってきて、新《あたら》しいクラスの1日《にち》めがはじまった。小野先生《おのせんせい》は、良太《りょうた》から聞《き》いていたとおり、おかあさんぐらいの年《とし》ごろで、ゆったりした感《かん》じのやさしそうな先生《せんせい》だ。

まずは、先生《せんせい》の話《はなし》があったり、いろいろなプリントをもらったり。そのあとに、新《あたら》しいクラスになったからというので、29人全員《にんぜんいん》が自己紹介《じこしょうかい》をすることになった。

最初《さいしょ》に、転校生《てんこうせい》の耕介《こうすけ》が前《まえ》に出《で》て話《はな》すことになったのだけれど、急《きゅう》にいわれてあわてたせいか、少《すこ》ししか話《はな》すことができなかった。

「清水耕介《しみずこうすけ》です。４年生《ねんせい》までは仙台《せんだい》の小学校《しょうがっこう》に行《い》っていましたが、おばあちゃんの家《いえ》に家族《かぞく》みんなで引《ひ》っこしてきました。家《いえ》は、けやきの町《まち》1丁目《ちょうめ》です。これから、よろしくお願《ねが》いします」

先生《せんせい》が耕介《こうすけ》の顔《かお》を見《み》て、「それだけでいいの？」というような目《め》をしたけれど、みんなが拍手《はくしゅ》をしてくれて、耕介《こうすけ》はそのまま席《せき》についた。

もう5年生《ねんせい》だから、ほかのみんなはすっかり顔見知《かおみし》りらしい。それぞれ自分《じぶん》の席《せき》で立《た》って、名前《なまえ》だけいって、あとは「よろしくお願《ねが》いします」といってすわる。

新《あたら》しい教科書《きょうかしょ》をもらって、それをランドセルにつめたら、きょうは解散《かいさん》ということになった。でも、先生《せんせい》が「清水《しみず》くん」と呼《よ》んでいるから、ランドセルをしょって、教卓《きょうたく》のほうに行《い》った。「ちょっと職員室《しょくいんしつ》にきてください」という。耕介《こうすけ》のうしろにいた良太《りょうた》にも、「松田《まつだ》くんも、どうぞ」といっている。

学級通信《がっきゅうつうしん》『たんぽぽ』

小野先生《おのせんせい》は、職員室《しょくいんしつ》の椅子《いす》にすわると、あらためて「清水《しみず》くん、これから、よろしくね」といった。そして、机《つくえ》の前《まえ》の本棚《ほんだな》からファイルを取《と》り出《だ》した。大《おお》きなノートを広《ひろ》げたくらいのプリントが、たくさんとじこまれている。良太《りょうた》が「あ、『たんぽぽ』」という。

「これね、学級通信《がっきゅうつうしん》『たんぽぽ』っていうの。クラスのみんなのようすを、おうちの人《ひと》にも知《し》らせようと思《おも》って、1週間《しゅうかん》に1回《かい》くらい出《だ》している、おたよりなのね。今年度《こんねんど》も、『たんぽぽ』っていう名前《なまえ》のままで出《だ》すつもりなんだけれど、その最初《さいしょ》の号《ごう》にのせたいから、清水《しみず》くん、自己紹介《じこしょうかい》の文章《ぶんしょう》を書《か》いてくれないかな?」

耕介《こうすけ》がだまっていると、先生《せんせい》がつづけた。

「転校《てんこう》してきたいまの気《き》もちとか、自分《じぶん》がすきなこととかを、クラスのみんなに知《し》らせて。あ、みんなへのお手紙《てがみ》のつもりで書《か》くといいわよ」

そういいながら、先生《せんせい》は、机《つくえ》の引《ひ》き出《だ》しから便《びん》せんを取《と》り出《だ》した。

「お手紙《てがみ》だから、この便《びん》せんに書《か》いてね。1枚《まい》に書《か》いてもらって、それをコピーして、あなたの字《じ》のままでのせるから、そのつもりでね」

小野《おの》先生《せんせい》は、「念《ねん》のため」といって便《びん》せんを5枚《まい》くれた。

家《いえ》に帰《かえ》って、午後《ごご》、クラスのみんなへの手紙《てがみ》を書《か》きはじめた。先生《せんせい》に、「できれば、あしたまでに書《か》いてきてね」といわれたのだ。

まだ仙台《せんだい》にいるときに良太《りょうた》にはがきを書《か》いたことを思《おも》い出《だ》して、耕介《こうすけ》は、まず自由帳《じゆうちょう》に下書《したが》きをする。清書《せいしょ》がおわってできあがるまで、1時間《じかん》くらいかかった。

書《か》きだしは、「はじめまして。清水耕介《しみずこうすけ》です」。

はじめまして。清水耕介《しみずこうすけ》です。

3月《がつ》30日《にち》に仙台《せんだい》から引《ひ》っこしてきました。

仙台《せんだい》を車《くるま》で出発《しゅっぱつ》したときはぜんぜん咲《さ》いていなかったサクラが、だんだん咲《さ》きだして、東京《とうきょう》に着《つ》いたときには満開《まんかい》でした。なんだか、サクラの未来《みらい》にきたみたいでした。

●コラム――便《びん》せんに書《か》く

便《びん》せんには、たて書き用《がよう》と横書き用《よこがよう》とがあります。

耕介《こうすけ》の手紙《てがみ》は、学級通信《がっきゅうつうしん》にのせてもらいましたが、封筒《ふうとう》にいれて送《おく》る手紙《てがみ》なら、文章《ぶんしょう》のおしまいに、日付《ひづけ》、自分《じぶん》の名前《なまえ》、相手《あいて》の名前《なまえ》を書《か》いてしめくくります。

…………

4月《がつ》9日《にち》

清水耕介《しみずこうすけ》

けやきの町小学校《まちしょうがっこう》5年《ねん》1組《くみ》のみんなへ

大《おお》きさが決《き》まっているはがきとちがって、便《びん》せんだと書《か》きたいだけ、たくさん書《か》くこともできますから、「はじめ」「中《なか》」「おわり」のような文章《ぶんしょう》の構成《こうせい》を考《かんが》えると、わかりやすいものになります。「はじめ」には相手《あいて》へのあいさつ、「中《なか》」には手紙《てがみ》で伝《つた》えたい内容《ないよう》、「おわり」にはしめくくりのあいさつを書《か》きましょう。『たんぽぽ』にのった耕介《こうすけ》の手紙《てがみ》なら、「はじめまして。清水耕介《しみずこうすけ》です」がはじめ、「これから、どうぞ、よろしくお願《ねが》いします」がおわりです。「中《なか》」には、クラスの新《あたら》しい友《とも》だちに知《し》らせたい耕介自身《こうすけじしん》のことが書《か》いてありますね。

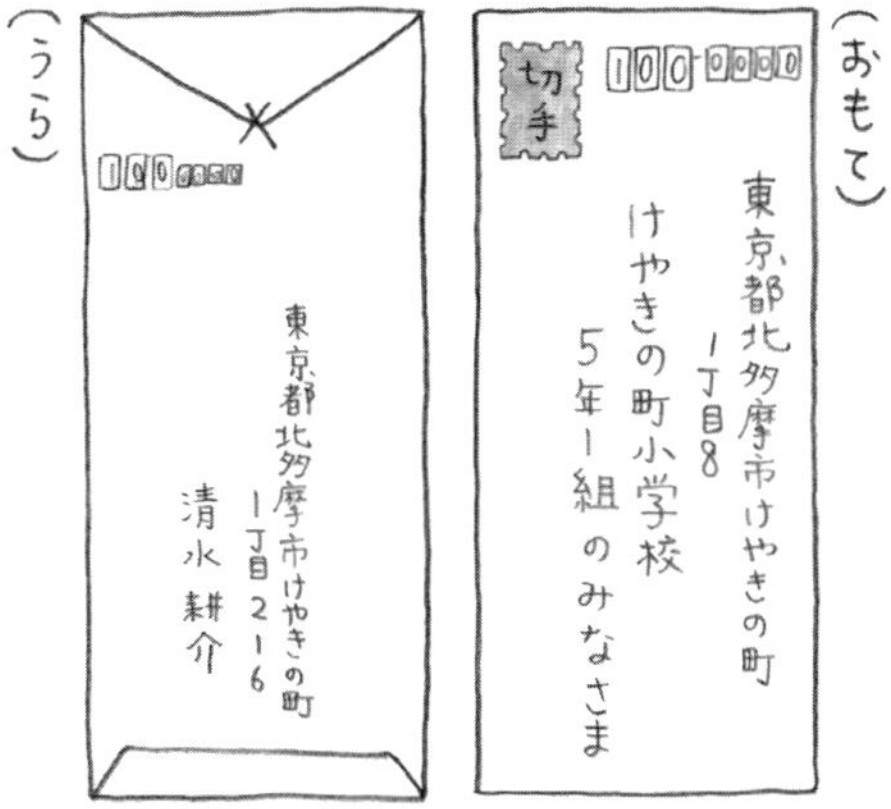

ふつうの手紙《てがみ》なら、「はじめ」には、季節《きせつ》のあいさつを書《か》くことが多《おお》いはずです。「だんだんあたたかくなってきました」「うっとうしい梅雨《つゆ》の季節《きせつ》になりました」「朝夕《あさゆう》は寒《さむ》さを感《かん》じるようになりました」などです。

3年生《ねんせい》からサッカーチームに入《はい》って、センターバックでした。

ゲームもすきだけれど、本《ほん》を読《よ》むのもすきです。「かいけつゾロリ」は、全《ぜん》部《ぶ》読《よ》みました。いまは、「ズッコケ三人組《さんにんぐみ》」シリーズにちょうせんしています。

2年生《ねんせい》のときにカブトムシを飼《か》っていたので、カブトムシやこん虫《ちゅう》の本《ほん》も読《よ》みます。

家《いえ》は、けやきの町《まち》1丁目《ちょうめ》、ぞうさん公園《こうえん》の近《ちか》くです。

これから、どうぞ、よろしくお願《ねが》いします。

つぎの日《ひ》の朝《あさ》、先生《せんせい》に便《びん》せんをわたした。そのまたつぎの日《ひ》の帰《かえ》りの会《かい》で、学《がっ》級通信《きゅうつうしん》『たんぽぽ』1号《ごう》がくばられた。みんな、もらってすぐに読《よ》んでいる。

上《うえ》のほうに、「5年生《ねんせい》になりました」という題《だい》の、小野先生《おのせんせい》の文《ぶん》がのっている。5年生《ねんせい》の心《こころ》がまえや、おもな行事《ぎょうじ》のことなどが、パソコンの文字《もじ》で書《か》いてあった。

下《した》のほうに、耕介《こうすけ》の文章《ぶんしょう》が、便《びん》せんを少《すこ》し縮小《しゅくしょう》してのっている。先生《せんせい》が手書《てが》きの文字《もじ》で「『サクラの未来《みらい》』へ」という題《だい》をつけてくれた。女《おんな》の子《こ》たちが「サクラの未来《みらい》って、いいねー」といっているのが聞《き》こえる。

帰《かえ》りの会《かい》がおわったあと、和田《わだ》くんという背《せ》の高《たか》い子《こ》が耕介《こうすけ》のそばにきて、「ぼく、フォワードなんだ。けやきの町小《まちしょう》のサッカー部《ぶ》に入《はい》りなよ」といった。「うん、今度《こんど》、見学《けんがく》に行《い》くよ」といいながら、耕介《こうすけ》は、「みんなに手紙《てがみ》を書《か》いたから返事《へんじ》をもらえたんだな」と思《おも》った。

笑《わら》われたことば

新学期《しんがっき》がはじまって2週《しゅう》めの月曜日《げつようび》。6時間《じかん》めがおわったあとすぐに、耕介《こうすけ》は、ひとりで学校《がっこう》を出《で》た。先週《せんしゅう》は良太《りょうた》といっしょに帰《かえ》ったけれど、良太《りょうた》は今週《こんしゅう》、そうじ当番《とうばん》なのだ。帰《かえ》り道《みち》をひとりで歩《ある》きながら、昼休《ひるやす》みのことを思《おも》い出《だ》していた。

昼休《ひるやす》みに、5年《ねん》1組《くみ》全員《ぜんいん》の29人《にん》で大縄《おおなわ》とびをやった。去年《きょねん》の秋《あき》の運動会《うんどうかい》の種目《しゅもく》のひとつにクラス対抗《たいこう》の大縄《おおなわ》とびがあったそうで、運動会《うんどうかい》のあとも、ときどき思《おも》い出《だ》して、みんなでやるらしい。良太《りょうた》が体育倉庫《たいいくそうこ》から大縄《おおなわ》を借《か》りてくるというので、耕介《こうすけ》もいっしょに行《い》き、そのまま良太《りょうた》と耕介《こうすけ》がもち手《て》になって、縄《なわ》とびがはじまった。

５年生《ねんせい》になってクラスがかわったばかりなのに、みんなの息《いき》が合《あ》って、20回《かい》になっても、まだだれもひっかからない。回数《かいすう》を数《かぞ》える耕介《こうすけ》たちの声《こえ》も大《おお》きくなる。

「にじゅう、にじゅういち、にじゅうに、にじゅうさん……」

耕介《こうすけ》がそこまで数《かぞ》えたとき、とんでいた寺井《てらい》はるかが急《きゅう》に笑《わら》いだした。

「にじゅうよん、にじゅうご……」

笑《わら》い声《ごえ》はほかの女子《じょし》たちにも広《ひろ》がって、縄《なわ》とびは26回《かい》でおわってしまった。

「えっ、どうしたんだ？」と耕介《こうすけ》が不思議《ふしぎ》に思《おも》っていると、良太《りょうた》があわてて「なんだよー、もう1回《かい》やるぞ」といいだした。はるかが、まだ笑《わら》っている顔《かお》で「だって……」と何《なに》かいいかけたけれど、良太《りょうた》は、「ほら、もう1回《かい》。耕介《こうすけ》、いくぞ」と縄《なわ》をまわしはじめる。

みんな、ほんとうにうまい。また20回《かい》をこえた。今度《こんど》は、良太《りょうた》が大《おお》きな声《こえ》で数《かぞ》えている。

「にじゅう、にじゅういち、にじゅうに……」

耕介《こうすけ》は、あっと思《おも》った。「にじゅういち、にじゅうに……」のいい方《かた》が耕介《こうすけ》とちがう。耕介《こうすけ》は、「にじゅういち」の「じゅ」を高《たか》くいうけれど、良太《りょうた》は、「に」が高《たか》くて、あとはさがっていく。ああ、そうか、それで笑《わら》われたのか……。

帰《かえ》り道《みち》、そのことを思《おも》い出《だ》したら、だんだん腹《はら》が立《た》ってきた。そんなことで笑《わら》わなくたっていいじゃないか。

耕介《こうすけ》のおとうさんは、東京《とうきょう》のこの町《まち》で育《そだ》った人《ひと》だし、おかあさんも、埼玉県《さいたまけん》の生《う》まれだ。仙台《せんだい》でくらしているときにも、家《いえ》のなかで話《はな》しているのは共通語《きょうつうご》だと思《おも》っていた。でも、ちょっとなまっているところもあるのかな。仙台《せんだい》であそぶときは、みんな、「にじゅういち」って「じゅ」を高《たか》くいっていたよな。

怒《おこ》ったら、歩《ある》く足《あし》もはやくなる。早足《はやあし》で帰《かえ》ったら、すぐに家《いえ》に着《つ》いてしまった。

「ただいまー」とリビングルームに入《はい》っていく。

3年生《ねんせい》になった夏美《なつみ》は、もう帰《かえ》っていて、ソファーにすわってマンガ雑誌《ざっし》の新《あたら》しい号《ごう》を読《よ》んでいた。「にじゅういち」のことを夏美《なつみ》にも教《おし》えてやろうかなと思《おも》ったけれど、別《べつ》にいいか、なまってたっていいじゃないかと考《かんが》えて、やめた。

おかあさんは、パソコンを部屋《へや》のすみに置《お》いたプリンターにつないで、はがきを何枚《なんまい》も印刷《いんさつ》していた。耕介《こうすけ》のほうを半分《はんぶん》だけ見《み》て、「おやつがあるけど、先《さき》に、手《て》洗《あら》い、うがいね」という。

「何《なに》を印刷《いんさつ》しているの?」

「転居通知《てんきょつうち》。仙台《せんだい》の知《し》り合《あ》いに引《ひ》っこしましたって、あいさつをして、ここの住《じゅう》所《しょ》や電話番号《でんわばんごう》を知《し》らせるのよ」

おやつのフルーツゼリーを食《た》べたあと、耕介《こうすけ》は、印刷《いんさつ》しおわったはがきを見《み》せてもらった。

東京《とうきょう》のサクラは、もう散《ち》ってしまいました。そちらは、いまが見《み》ごろでしょうか。

3月末《がつまつ》に、東京《とうきょう》に引《ひ》っこしました。仙台《せんだい》におりますあいだは、たいへんお世話《せわ》になりました。ありがとうございます。

博《ひろし》は、12年《ねん》ぶりの東京勤務《とうきょうきんむ》です。新《あら》たな気《き》もちでがんばります。

千香子《ちかこ》は、東京《とうきょう》で何《なに》か新《あたら》しいことに挑戦《ちょうせん》してみるつもりです。

今後《こんご》とも、どうぞよろしくお願《ねが》いいたします。

２０＊＊年《ねん》４月《がつ》
郵便番号《ゆうびんばんごう》　１００—００００　東京都北多摩市《とうきょうときたたまし》けやきの町《まち》１丁目《ちょうめ》２—６
電話《でんわ》　０４＊—＊＊＊—１２３５（ＦＡＸ《ファクス》兼用《けんよう》）
清水《しみず》　博《ひろし》・千香子《ちかこ》

「ふーん、いいなあ」と耕介《こうすけ》がいうと、おかあさんが「耕介《こうすけ》も、こういうのつくって、サッカーのみんなに送《おく》ったら？」という。

「紙《かみ》に書《か》いてくれたら、おかあさんがパソコンで打《う》ってあげるわよ」

「ほんとう？　じゃあ、つくってみようかな」

おかあさんのまねをして、転居通知《てんきょつうち》を書《か》きはじめた。

3月《がつ》30日《にち》に、東京《とうきょう》に引《ひ》っこしました。

東京《とうきょう》では、けやきの町小学校《まちしょうがっこう》の5年《ねん》1組《くみ》になりました。

ここまで書《か》いたけれど、この先《さき》は、なんて書《か》けばいいんだろう。おかあさんは、「東京《とうきょう》で何《なに》か新《あたら》しいことに挑戦《ちょうせん》してみるつもりです」と書《か》いていたけれど……。

「おかあさん、新《あたら》しいことに挑戦《ちょうせん》って、何《なん》に挑戦《ちょうせん》するの？」

「学生時代《がくせいじだい》に勉強《べんきょう》した心理学《しんりがく》を、もっとやってみようかと思《おも》って……」

おかあさんは、つらい気《き》もちになっている人《ひと》の話《はなし》を聞《き》くカウンセラーというのになりたいらしい。耕介《こうすけ》は、「自分《じぶん》はどうするのかな？……」と思《おも》った。けやきの町小学校《まちしょうがっこう》のサッカーチームに見学《けんがく》に行《い》きたいけれど、まだ行《い》っていないのだ。

新《あたら》しい挑戦《ちょうせん》

つぎの日曜日《にちようび》の朝《あさ》。

朝《あさ》ごはんのあとも、耕介《こうすけ》は、まだパジャマのままでいる。玄関《げんかん》のチャイムが鳴《な》って、「おはよう」といいながら、とびこんできたのは、良太《りょうた》だった。

「耕介《こうすけ》、フリーマーケットやらないか?」

「フリーマーケットって、何《なに》さ?」

「5月の第《だい》2日曜日《にちようび》に、ぞうさん公園《こうえん》でフリーマーケットがあるんだ。町内《ちょうない》の人《ひと》たちが小《ちい》さいお店《みせ》を出《だ》して、家《いえ》でもう使《つか》わなくなったものなんかを売《う》るんだよ」

良太《りょうた》のおばあちゃんがフリーマーケットの運営委員《うんえいいいん》のひとりになっていて、けさ、一区画《いちくかく》が空《あ》きそうだから、お店《みせ》を出《だ》さないかと良太《りょうた》にいったのだという。

ぞうさん公園《こうえん》というのは、すぐ近《ちか》くの公園《こうえん》だ。ぞうさんの形《かたち》のすべり台《だい》があるので、みんなそう呼《よ》ぶのだけれど、ほんとうは、なんていうのだろう……?

「去年《きょねん》は、おばあちゃんの店《みせ》を手伝《てつだ》って、売《う》るものを公園《こうえん》に運《はこ》んだり、店番《みせばん》をしたり、あと片《かた》づけもやったよ。うちのおばあちゃんと、耕介《こうすけ》のおばあちゃんと、ふたりのお店《みせ》だったんだ。ことしは、ぼくと耕介《こうすけ》のふたりでやろうぜ」

「えー、だけど、お店《みせ》で売《う》るものなんて、あるかな？……」

耕介《こうすけ》がそういうと、聞《き》いていたおかあさんが「ある、ある。いっぱいあるわよ」といいだした。

「引《ひ》っこしのときは、時間切《じかんぎ》れで、耕介《こうすけ》や夏美《なつみ》がもう着《き》なくなったものも、仙台《せんだい》ですてずに、そのままもってきちゃったから、そういうのを売《う》ってよ。きれいにあらってあるから」

そういえば、耕介《こうすけ》も、もうあそばなくなったおもちゃや、読《よ》まなくなった本《ほん》を、そのまま東京《とうきょう》にもってきていたのだった。

「じゃあ、お店《みせ》を出《だ》せるね、おばさん」と、良太《りょうた》は、おかあさんと話《はな》しはじめた。そして、「これ、あしたまでに書《か》いて、町内会《ちょうないかい》に出《だ》さなきゃいけない」といって、紙《かみ》を取《と》り出《だ》した。「フリーマーケット　エントリーシート」と書《か》いてある。フリーマーケットにお店《みせ》を出《だ》す申込書《もうしこみしょ》らしい。

良太《りょうた》が「耕介《こうすけ》のほうが字《じ》がきれいだから、書《か》いてくれない？」という。耕介《こうすけ》は、

「いいよ。でも、ちょっと待《ま》って」といって、部屋《へや》に着《き》がえに行《い》った。


リビングルームのテーブルにエントリーシートを広《ひろ》げて、耕介《こうすけ》がボールペンで書《か》きこんでいく。良太《りょうた》が、となりからのぞきこむ。最初《さいしょ》のらんは「店名《てんめい》」だけれど、これは、あとでゆっくり考《かんが》えることにした。


2番《ばん》めは「参加者《さんかしゃ》」。これは、「松田良太《まつだりょうた》　清水耕介《しみずこうすけ》」と書《か》く。

3番《ばん》めは「責任者連絡先《せきにんしゃれんらくさき》」。ここには、良太《りょうた》の家《いえ》の住所《じゅうしょ》と電話番号《でんわばんごう》を書《か》いた。

4番《ばん》めは「販売《はんばい》するもの」。おかあさんに聞《き》きながら、「衣類《いるい》、おもちゃ、本《ほん》、その他《た》」と書《か》く。


これでもうおしまいだけれど、まだ最初《さいしょ》の「店名《てんめい》」を書《か》いていない。

「ねえ、〝孫《まご》の店《みせ》〟ってどう？」

良太《りょうた》がいう。

「去年《きょねん》は、おばあちゃんたちの店《みせ》を手伝《てつだ》っていたけど、ことしは、孫《まご》がお店《みせ》を出《だ》し

ますっていうことで」

おとうさんがリビングルームに入《はい》ってきた。耕介《こうすけ》が思《おも》いついていう。

「〝良太《りょうた》アンド耕介商会《こうすけしょうかい》〟っていうのはどうかな？」

おとうさんの会社《かいしゃ》は「株式会社《かぶしきがいしゃ》・田辺《たなべ》商会《しょうかい》」という。これをまねして考《かんが》えついたのだ。

「いいね、いいね。〝耕介《こうすけ》アンド良太商《りょうたしょう》会《かい》〟でもいいよ」

良太《りょうた》が早口《はやくち》でいう。

「良太《りょうた》アンド耕介商会《こうすけしょうかい》、耕介《こうすけ》アンド良《りょう》太商会《たしょうかい》……。良太《りょうた》アンド耕介商会《こうすけしょうかい》だな。こっちのほうがいいやすい」

●コラム――ネーミング

ネーミングというのは、ものにネーム（名前《なまえ》）をつけることです。会社《かいしゃ》などにはあまりへんな名前《なまえ》はつけられませんが、イベントのときのグループ名《めい》などは、ふだん見《み》なれない、聞《き》きなれないような、少《すこ》しかわった名前《なまえ》のほうが印象《いんしょう》にのこっていいかもしれません。

お店《みせ》などの名前《なまえ》だけではなく、いろいろな文章《ぶんしょう》のタイトル（題名《だいめい》）なども、読《よ》む人《ひと》の注意《ちゅうい》を引《ひ》いて、読《よ》みたくなるような魅力的《みりょくてき》なものだといいですね。同《どう》時《じ》に、タイトルは、文章《ぶんしょう》の内容《ないよう》を短《みじか》いことばで的確《てきかく》に知《し》らせるものでなければなりません。

いい名前《なまえ》やいいタイトルがつけられたら、仕事《しごと》をするのも文章《ぶんしょう》を書《か》くのも楽《たの》しくなります。名前《なまえ》やタイトルをつけるのは、自分《じぶん》（たち）へのはげましでもあるのです。

耕介《こうすけ》がそう決《き》めた。

「ようし。いっぱいもうけるぞ！」

良太《りょうた》がそういったので、おとうさんもおかあさんも大笑《おおわら》いした。

「去年《きょねん》、おばあちゃんが売《う》り上《あ》げの一部《いちぶ》だよって、アルバイト料《りょう》をくれたんだ。それにお年玉《としだま》ののこりを足《た》したら、新《あたら》しいゲームソフトが買《か》えたんだぜ。ことしは、耕介《こうすけ》とふたりで山分《やまわ》けだ！」

耕介《こうすけ》も笑《わら》って、ボールペンをもち直《なお》した。エントリーシートの「店名《てんめい》」のところに、「良太《りょうた》アンド耕介商会《こうすけしょうかい》」と書《か》く。

〝良太《りょうた》アンド耕介商会《こうすけしょうかい》〟

フリーマーケットのエントリーシートは、良太《りょうた》のおばあちゃんから実行委員会《じっこういいんかい》に届《とど》けてもらった。少《すこ》しして、〝良太《りょうた》アンド耕介商会《こうすけしょうかい》〟がお店《みせ》を出《だ》すことがみとめられた。いよいよ、フリーマーケットの準備《じゅんび》に取《と》りかかる。

5月《がつ》の連休《れんきゅう》になった。この連休《れんきゅう》は、どこにも出《で》かけないで、まだ全部《ぜんぶ》は片《かた》づいていない引《ひ》っこし荷物《にもつ》を片《かた》づけることになっている。

連休《れんきゅう》2日《か》めの5月《がつ》4日《か》の朝《あさ》。良太《りょうた》が「専務《せんむ》、おはよう！」といいながらやってきた。耕介《こうすけ》も、「おはよう、社長《しゃちょう》！」という。〝良太《りょうた》アンド耕介商会《こうすけしょうかい》〟が店《みせ》を出《だ》すことになってから、ふたりは、こう呼《よ》びあっているのだ。いまでは、夏美《なつみ》やおかあさんも、良太《りょうた》のことを「社長《しゃちょう》」と呼《よ》んでいる。

きょうは、引《ひ》っこし荷物《にもつ》の整理《せいり》はやめて、1日《にち》、フリーマーケットにお店《みせ》を出《だ》す準備《じゅんび》をすることにした。

耕介《こうすけ》が「良太《りょうた》アンド耕介商会《こうすけしょうかい》　売《う》るもの一覧表《いちらんひょう》」という見出《みだ》しのついた紙《かみ》を取《と》り出《だ》した。連休前《れんきゅうまえ》に、良太《りょうた》と相談《そうだん》してつくったのだ。この紙《かみ》にフリーマーケットで売《う》るものをみんな書《か》き出《だ》して、それぞれの値段《ねだん》を決《き》めていく。紙《かみ》は、何枚《なんまい》も必要《ひつよう》だから、手書《てが》きでつくったものをコンビニエンス・ストアで10枚《まい》コピーした。

一覧表《いちらんひょう》は、商品番号《しょうひんばんごう》、商品名《しょうひんめい》と特徴《とくちょう》、値段《ねだん》に分《わ》かれている。最初《さいしょ》は衣類《いるい》。

1　半《はん》ズボン　男《おとこ》の子《こ》　青《あお》

2　Tシャツ《ティー》　女《おんな》の子　白《しろ》

……

9　スカート　白《しろ》・花柄《はながら》……

「売《う》るもの一覧表《いちらんひょう》」に、つぎつぎに書《か》きこんでいく。値段《ねだん》は、ふたりで相談《そうだん》してつけていった。Tシャツ《ティー》は50円《えん》、ズボンは100円《えん》。いちばん高《たか》いのは、電車《でんしゃ》を3つ合体《がったい》するとロボットになるおもちゃの「ロボレンジャー」で300円《えん》。10冊《さつ》セットのマンガのシリーズは100円《えん》だ。

大《おお》きな段《だん》ボール箱《ばこ》にいれた商品《しょうひん》を取《と》り出《だ》しては一覧表《いちらんひょう》に記入《きにゅう》していくのだけれど、数《かず》が多《おお》いからなかなか進《すす》まない。全部《ぜんぶ》おわるまでに、お昼《ひる》すぎまでかかった。とちゅう、

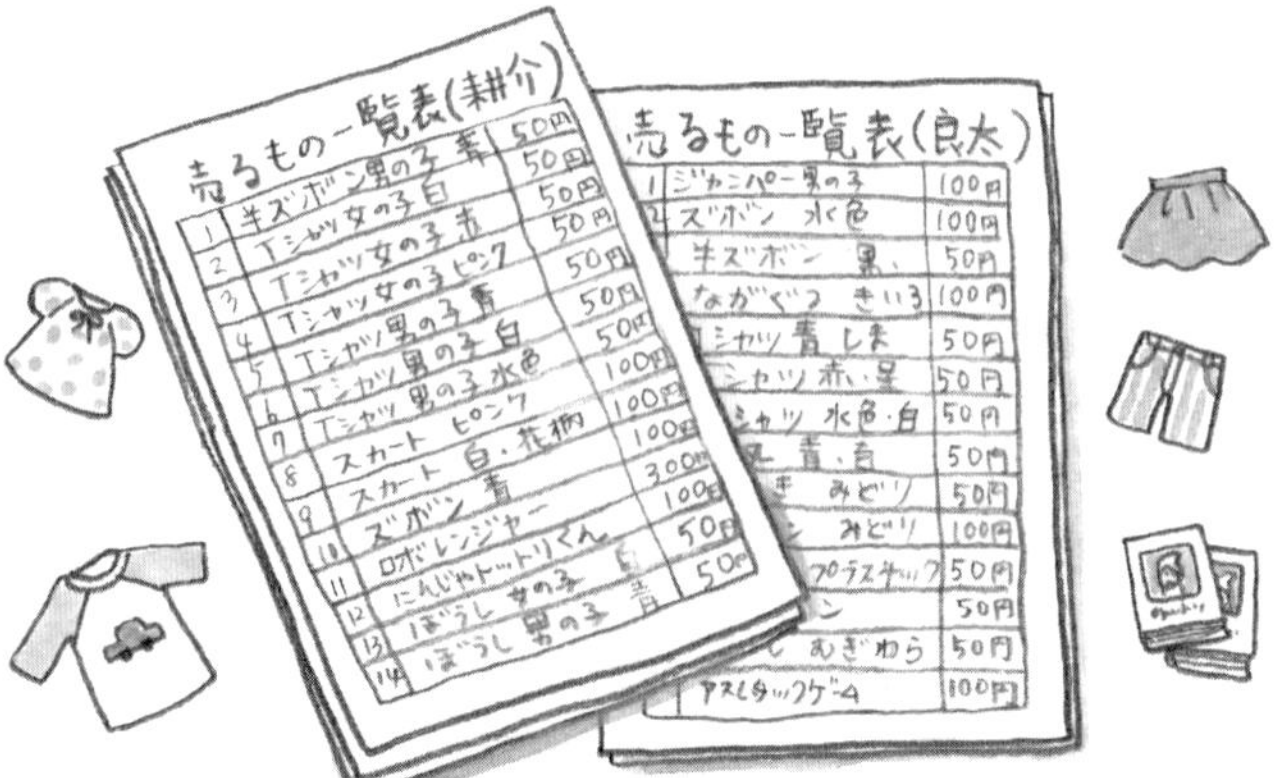

おかあさんがラーメンをつくってくれたので、ふたりで食《た》べた。

耕介《こうすけ》の家《いえ》のぶんがおわると、「売《う》るもの一覧表《いちらんひょう》」のコピーをもって、良太《りょうた》の家《いえ》へ行《い》く。良太《りょうた》の家《いえ》にも段《だん》ボール箱《ばこ》があって、売《う》るものがまとめてあるのだ。午後《ごご》は、良太《りょうた》の家《いえ》で「売《う》るもの一覧表《いちらんひょう》」の整理《せいり》をつづけたのだけれど、おわったらもう、夕方《ゆうがた》もおそい時間《じかん》だった。

夕飯《ゆうはん》は、良太《りょうた》の家《いえ》で、今度《こんど》は耕介《こうすけ》がごちそうになった。

夕飯《ゆうはん》のとき、良太《りょうた》が「ようし。いっぱいもうけるぞ！」とまたいった。良太《りょうた》のおばあちゃんが笑《わら》いながら、「お客《きゃく》さんがたくさんくるといいね」といった。耕介《こうすけ》が「お客《きゃく》さん、どのくらいくるかな？」というと、おばあちゃんが「お客《きゃく》さんは、くるのを待《ま》ってないで、集《あつ》めなくちゃね」という。良太《りょうた》も、「そうか。〝良太《りょうた》アンド耕介商会《こうすけしょうかい》〟のこと、学校《がっこう》のみんなも、知《し》らないものね」といった。

夕飯《ゆうはん》のあとは、どうしたらお客《きゃく》さんを集《あつ》められるかについて会議《かいぎ》をした。やっぱり、宣伝《せんでん》が必要《ひつよう》だということになった。良太《りょうた》が「テレビにコマーシャルを出《だ》そう。

“良太《りょうた》アンド耕介商会《こうすけしょうかい》”って」といったけれど、耕介《こうすけ》は、「それって、すごくお金《かね》がかかるんじゃない?」といって、ポスターとちらしをつくることにした。連休《れんきゅう》の最後《さいご》の日《ひ》は、それをつくることにする。

フリーマーケットにお店《みせ》を出《だ》します

5月《がつ》5日《か》の朝《あさ》。

「専務《せんむ》、おはよう!」

「やあ、社長《しゃちょう》。おはよう!」

きょうも、良太《りょうた》がやってきた。

良太《りょうた》が「専務《せんむ》、けさ気《き》がついたんだけど、町内《ちょうない》の掲示板《けいじばん》にフリーマーケットのポスターがはってあるよ」というので、すぐにふたりで見《み》に行《い》った。たしかに、掲示板《けいじばん》に「フリーマーケットのお知《し》らせ」というポスターがはってある。日時《にちじ》と場所《ばしょ》が書《か》いてあるだけの簡単《かんたん》なものだ。

「社長《しゃちょう》、なんだか地味《じみ》なポスターだね」

「うん。〝良太《りょうた》アンド耕介商会《こうすけしょうかい》〟は、もっと明《あか》るいのにしよう」
耕介《こうすけ》の家《いえ》にもどって、きょうも会議《かいぎ》がはじまった。まず、ちらしのことを考《かんが》える
ことにした。
「専務《せんむ》、ちらしって、だれにくばるんだ?」
「やっぱり、5年《ねん》1組《くみ》のみんなじゃない?」
「ほかの組《くみ》の子《こ》にあげるとしても、まずは1組《くみ》だな。じゃあ、1組《くみ》のみんなにわた
すつもりでつくればいいな。専務《せんむ》、ちらしには何《なに》と何《なに》を書《か》けばいいんだ?」
「フリーマーケットでお店《みせ》をやること」
「うん」
「いつ、どこでやるか」
「うん。あと、売《う》るものと値段《ねだん》。うちのおかあさん、スーパーマーケットのちらし
に何《なに》がいくらって書《か》いてあるのを見《み》て、買《か》いものに行《い》くよ。『今週《こんしゅう》は、お魚《さかな》が安《やす》い
のね』とかいいながら行《い》く」
「うん。紙《かみ》に下書《したが》きしてみよう」

フリーマーケットにお店《みせ》を出《だ》します
日時《にちじ》　5月《がつ》12日《にち》（日曜《にちよう》）午前《ごぜん》10時《じ》〜午後《ごご》4時《じ》
場所《ばしょ》　けやきの町《まち》1丁目《ちょうめ》・ぞうさん公園《こうえん》
売《う》るもの
10さいまでの子《こ》が着《き》られる衣類《いるい》（男《おとこ》の子用《こよう》も女《おんな》の子用《こよう》もあります。T《ティー》シャツ50円《えん》、ズボン・スカート100円《えん》、セーター200円《えん》など）
おもちゃ（ロボレンジャー300円《えん》など）
本《ほん》・マンガ（『にんじゃトットリくん』①〜⑩そろって100円《えん》など）
ほかにも、たくさんあります。
みんなきてね。
良太《りょうた》アンド耕介商会《こうすけしょうかい》（松田良太《まつだりょうた》と清水耕介《しみずこうすけ》）

「これで、いいかな？　専務《せんむ》」

「何《なに》か、もうひとこと」

●コラム――ちらしとポスター

広告《こうこく》・宣伝文《せんでんぶん》などを印刷《いんさつ》した紙《かみ》を「ちらし」といいます。宣伝《せんでん》のためにはりだすものを「ポスター」といいます。

ちらしもポスターも、長《なが》い文章《ぶんしょう》で書《か》くのではなく、箇条書《かじょうが》きなどをうまく使《つか》って、知《し》らせることがらを整理《せいり》して、見《み》てすぐにわかるように書《か》きましょう。「楽《たの》しい掘《ほ》り出《だ》しものがたくさんあります」のような、みんなの興味《きょうみ》を引《ひ》くことば（キャッチフレーズ）も考《かんが》えて書《か》きこみましょう。

絵《え》や写真《しゃしん》もいれたりして、色《いろ》あざやかに仕上《しあ》げるといいですね。

「うーん。じゃあ、『ほかにも、たくさんあります』じゃなくて、『ほかにも、楽《たの》しい掘《ほ》り出《だ》しものがたくさんあります』にしようか」

「うん、うん。いいね、社長《しゃちょう》！」

これを清書《せいしょ》して、コピーすることにした。1組《くみ》のぶんが29枚《まい》と、よぶんにあと11枚《まい》の、合計《ごうけい》40枚《まい》。

良太《りょうた》がイラストも入《はい》ったほうがいいというので、これは、夏美《なつみ》にたのむことにした。夏美《なつみ》は、小《ちい》さいころから絵《え》をかくのがすきだし、うまいのだ。

おかあさんに白《しろ》い紙《かみ》をもらって（おかあさんはA《エー》4判《ばん》の紙《かみ》といっていた）、耕介《こうすけ》が2B《ビー》のこい鉛筆《えんぴつ》で、ていねいに清書《せいしょ》する。下《した》のほうに、夏美《なつみ》がぞうさんの形《かたち》のすべり台《だい》の絵《え》をかいてくれた。良太《りょうた》が「夏美《なつみ》ちゃん、うまいね。〝良太《りょうた》アンド耕介商《こうすけしょう》会《かい》〟の社員《しゃいん》になりませんか？」と聞《き》くと、夏美《なつみ》は、「考《かんが》えておきます」といった。

できあがった紙《かみ》をもってコンビニエンス・ストアに行《い》って、40枚《まい》コピーする。それとは別《べつ》に、A《エー》3判《ばん》という倍《ばい》の大《おお》きさに拡大《かくだい》したものを3枚《まい》つくった。

大《おお》きいほうの3枚《まい》は、いろいろな色《いろ》のサインペンで色《いろ》をつけて、ポスターにする

A4
210 × 297
mm
A3
297 × 420
mm

のだ。

耕介《こうすけ》と良太《りょうた》が、文字《もじ》をサインペンでなぞって色《いろ》をつける。夏美《なつみ》は、クレヨンを出《だ》してきて、ぞうさんをピンク色《いろ》にぬっている。それがおわると夏美《なつみ》は、ちらしのほうのぞうさんも、色鉛筆《いろえんぴつ》でピンクにぬりはじめた。

良太《りょうた》が「夏美《なつみ》ちゃん、色《いろ》をぬるのも、うまいね。〝良太《りょうた》アンド耕介商会《こうすけしょうかい》〟の社員《しゃいん》になりませんか?」ともう一度《いちど》聞《き》くと、夏美《なつみ》は顔《かお》をあげて、「うん、いいよ」といった。

朝《あさ》の会《かい》のコマーシャル

5月《がつ》6日《か》、月曜日《げつようび》。

〝良太《りょうた》アンド耕介商会《こうすけしょうかい》〟は、朝《あさ》7時《じ》40分《ぷん》に、ぞうさん公園集合《こうえんしゅうごう》だ。耕介《こうすけ》は、夏美《なつみ》もいっしょに3人《にん》でつくったポスターが家《いえ》のへいにはってあるのをたしかめてから出《で》かけた。フリーマーケットまで、あと1週間《しゅうかん》。そのあいだに、もしも雨《あめ》がふってもだいじょうぶなように、ポスターにはビニールがかけてある。道《みち》のむこう側《がわ》の良太《りょうた》の家《いえ》のへいにも、やっぱりポスターがはってある。

公園《こうえん》に入《はい》ると、ポスターにかかれたぞうさんのすべり台《だい》の前《まえ》で良太《りょうた》が手《て》をふっていた。

「おはよう、専務《せんむ》。ちらし、もってきてくれた?」

「うん」

耕介《こうすけ》は、ランドセルをゆらしながら、こたえる。

良太《りょうた》は、もう歩《ある》きだしている。8時《じ》までに学校《がっこう》にたどり着《つ》きたいのだ。

学校《がっこう》に着《つ》いたら、教室《きょうしつ》へは行《い》かずに職員室《しょくいんしつ》へ。職員室《しょくいんしつ》のとびらからのぞくと、小野先生《おのせんせい》はもう、自分《じぶん》の机《つくえ》のところにいた。良太《りょうた》が、「おはようございます」といいながら、どんどん入《はい》っていく。

「先生《せんせい》、1組《くみ》のみんなに、ちらしをくばってもいいですか?」

耕介《こうすけ》があわててランドセルをおろして、40枚《まい》のちらしをはさんだ透明《とうめい》なファイルから1枚取《まいと》り出《だ》して、先生《せんせい》にわたした。先生《せんせい》は、ちらしを見《み》て、「へえー、きれいにできたね」といってくれた。「〝良太《りょうた》アンド耕介商会《こうすけしょうかい》〟か……」といいながら、

ぞうさん公園フリーマーケット
良太アンド耕介商会
(松田良太と清水耕介)
フリーマーケットにお店を出します
日時．5月12日(日曜)
午前10時～午後4時
場所．けやきの町一丁目
ぞうさん公園
売るもの
良太アンド耕介商会
(松田良太と清水耕介)

ちょっと笑《わら》っている。

「いいよ、いいよ。朝《あさ》の会《かい》で、みんなにくばりなさい。くばるだけじゃなくて、みんなの前《まえ》でちゃんと説明《せつめい》して、コマーシャルをしなさい」

なんだか小野先生《おのせんせい》が社長《しゃちょう》さんになって社員《しゃいん》にいうみたいにいった。

耕介《こうすけ》たちが職員室《しょくいんしつ》を出《で》る前《まえ》、小野先生《おのせんせい》は、「このちらし、先生《せんせい》も1枚《まい》もらってもいい？　日曜日《にちようび》に、先生《せんせい》も、行《い》かれたら行《い》くわね」といった。


8時《じ》30分《ぷん》。

月曜日《げつようび》の朝《あさ》の教室《きょうしつ》は、いつも以上《いじょう》にさわがしい。それでも、小野先生《おのせんせい》が入《はい》ってきて、日直《にっちょく》の合図《あいず》でみんなで「おはようございます」とあいさつしたら、なんとかしずかになった。

先生《せんせい》がすぐに「松田《まつだ》くん、清水《しみず》くん、何《なに》かお話《はなし》があるんでしょう？」といったから、良太《りょうた》も耕介《こうすけ》もあわてて立《た》ちあがって、みんなの前《まえ》に出《で》た。耕介《こうすけ》は、ちらしのファイルをもっていく。

「えー、〝良太《りょうた》アンド耕介商会《こうすけしょうかい》〟から、お知《し》らせがあります」

良太《りょうた》が大《おお》きい声《こえ》でいったら、みんな、「えっ?」という顔《かお》をしている。

「今度《こんど》の日曜日《にちようび》、1丁目《ちょうめ》のぞうさん公園《こうえん》で、フリーマーケットがあります」

何人《なんにん》かが、うん、うんとうなずきながら聞《き》いている。

「そのフリーマーケットに、松田良太《まつだりょうた》と清水耕介《しみずこうすけ》の〝良太《りょうた》アンド耕介商会《こうすけしょうかい》〟がお店《みせ》を出《だ》します。くわしくは、いまからくばる、ちらしを見《み》てください」

みんな、また、「えっ?」という顔《かお》をする。耕介《こうすけ》がいちばん前《まえ》の席《せき》の子《こ》に何枚《なんまい》かずつわたして、うしろへまわしてもらう。ちらしを受《う》け取《と》った子《こ》たちは、へーっという顔《かお》になった。

ちらしをくばりおえた耕介《こうすけ》も、いった。

「T《ティー》シャツなどの小《ちい》さい子《こ》の衣類《いるい》、おもちゃ、本《ほん》やマンガも売《う》ります。弟《おとうと》や妹《いもうと》もさそって、みんなできてください」

「きてください!」

良太《りょうた》も、大《おお》きな声《こえ》でいった。

話《はな》しおえたふたりが席《せき》にもどるとき、何人《なんにん》もが「おれ、日曜日《にちようび》に行《い》くよ」とか「わたしも、行《い》くわ」と声《こえ》をかけてくれた。

開店準備《かいてんじゅんび》

木曜日《もくようび》の午後《ごご》からふりはじめた雨《あめ》は、金曜日《きんようび》の午後《ごご》までつづいた。はげしい雨《あめ》ではなかったけれど、耕介《こうすけ》は、日曜日《にちようび》のフリーマーケットのことが心配《しんぱい》でならなかった。おかあさんは、「日曜日《にちようび》、もし、雨《あめ》だったら、1週間《しゅうかん》、先《さき》にのばすらしいわよ」とのんきだったけれど……。それでも、金曜日《きんようび》に下校《げこう》するときには、雨《あめ》があがっていた。

5月《がつ》11日《にち》、土曜日《どようび》。きょうは、朝《あさ》から晴《は》れている。

「おはよう」と良太《りょうた》がやってきて、〝良太《りょうた》アンド耕介商会《こうすけしょうかい》〟の仕事《しごと》がはじまった。フリーマーケットは、もう、あしたにせまっている。いよいよお店《みせ》を開《ひら》く準備《じゅんび》も最終段階《さいしゅうだんかい》だ。まず、売《う》るもの全部《ぜんぶ》に値段《ねだん》の札《ふだ》をつけていく。

値段《ねだん》は、10円《えん》、30円《えん》、50円《えん》、100円《えん》、200円《えん》、300円《えん》の6種類《しゅるい》ある。紙《かみ》に

6種類《しゅるい》の値段《ねだん》の札《ふだ》をいくつかずつ書《か》いて、それをコピーしておいた。これをはさみで切《き》って、値札《ねふだ》にする。値札《ねふだ》は、衣類《いるい》には安全《あんぜん》ピンでとめる。本《ほん》やマンガには、表紙《ひょうし》のカバーにクリップでとめる。おもちゃには、セロテープではりつけた。

このあいだつくった「売《う》るもの一覧表《いちらんひょう》」でひとつひとつ値段《ねだん》をたしかめながら、値札《ねふだ》をつけていった。

売《う》るもののうち、いくつかのものには、POP《ポップ》もつくった。POP《ポップ》というのは、宣伝《せんでん》のためのキャッチフレーズを書《か》いた小《ちい》さなカードだ。去年《きょねん》のフリーマーケットのとき、良太《りょうた》が高校生《こうこうせい》のおねえさんたちがやっている店《みせ》にPOP《ポップ》があるのを見《み》つけて、いいなと思《おも》ったのだという。ふたりでPOP《ポップ》を書《か》いていく。

●テレビでも大人気《だいにんき》『にんじゃトットリくん』10冊《さつ》そろって100円《えん》
●合体《がったい》したらロボレンジャー　新品同様《しんぴんどうよう》で300円《えん》
●女《おんな》の子《こ》のT《ティー》シャツ　3枚《まい》で100円《えん》……

そこへ、レッスンバッグをもった夏美《なつみ》も帰《かえ》ってきた。ピアノの先生《せんせい》のところへ行《い》っていたのだ。夏美《なつみ》もさっそく、POP《ポップ》にサインペンで色《いろ》をつけはじめた。

お昼《ひる》ごはんを食《た》べに、いったん家《いえ》に帰《かえ》っていた良太《りょうた》が、またやってきた。

「さて、最後《さいご》の準備《じゅんび》だな」といいながら良《りょう》太《た》が見《み》はじめたのは、ぞうさん公園《こうえん》のどこにどのお店《みせ》を出《だ》すかを書《か》いた図面《ずめん》だ。

〝良太《りょうた》アンド耕介商会《こうすけしょうかい》〟は、ジャングルジムの横《よこ》に店《みせ》を出《だ》すことになっている。となりは、良太《りょうた》や耕介《こうすけ》のおばあちゃんたちの店《みせ》だ。おばあちゃんたちの店《みせ》の名前《なまえ》は、「1丁目旅《ちょうめりょ》

行会《こうかい》」。なかよしのおばあちゃんたち5人《にん》のグループで、年《ねん》に2回《かい》、みんなで1泊《ぱく》旅行《りょこう》に行《い》くのを楽《たの》しみにしている。

おかあさんが「ねえ、衣類《いるい》は、このハンガーにかけて、ジャングルジムにひっかけたらいいんじゃない?」といってもってきてくれたのは、クリーニング屋《や》さんに出《だ》したせんたくものがもどってくるときについてくる、プラスチックのハンガーだ。

「あ、これ、けやきの町《まち》クリーニングでくれるハンガーだ。うちからも、もってくるよ」といって、良《りょう》太《た》が家《いえ》にもどった。ハンガーは、全部《ぜんぶ》で38本《ほん》集《あつ》まった。

おかあさんは、「これも、いるでしょ」と

いって、遠足《えんそく》のときにもっていくビニールシートも出《だ》してきた。3枚《まい》ある。

「もっと、あったほうがいいね」といって、良太《りょうた》が、また家《いえ》まで取《と》りに行《い》った。

ビニールシートは、5枚《まい》になった。

良太《りょうた》は、スーパーマーケットやいろいろなお店《みせ》でもらったビニールぶくろもたくさんもってきた。

「買《か》ってくれたものを、これにいれてあげたらいいんじゃないかと思《おも》って」

耕介《こうすけ》も、ビニールぶくろのことを、おかあさんに聞《き》く。

「あすは、ちょっと暑《あつ》くなるらしいから、耕介《こうすけ》も夏美《なつみ》も社長《しゃちょう》も、かならず帽子《ぼうし》をかぶってね。あと、水筒《すいとう》もね」

おかあさんが、またいった。

「お昼《ひる》には、おにぎりでも届《とど》けてあげるわ」

あすは、午前《ごぜん》8時《じ》、ぞうさん公園集合《こうえんしゅうごう》だ。

「あすは、もうけるぞ！」

●コラム―POP《ポップ》

ここでPOP《ポップ》といっているのは、正式《せいしき》には、POP《ポップ》広告《こうこく》のことです。POP《ポップ》というのは、英語《えいご》で〝お店《みせ》の店先《みせさき》〟のこと。つまり、POP《ポップ》広告《こうこく》は、「店先《みせさき》にかざってある広告《こうこく》」ということですね。

たとえば、本屋《ほんや》さんに行《い》くと、いろいろな本《ほん》のわきにきれいなPOP《ポップ》が立《た》っています。印刷《いんさつ》されたものもあれば、手書《てが》きされたものもあって、にぎやかです。

手書《てが》きのものは、本屋《ほんや》の店員《てんいん》さんたちが自分《じぶん》たちのおすすめの本《ほん》を紹介《しょうかい》していることが多《おお》いようです。専門家《せんもんか》のおすすめですから、本《ほん》をえらぶときにとても参考《さんこう》になりますよ。

そういいながら、良太《りょうた》は帰《かえ》っていった。

いよいよ、開店《かいてん》

5月《がつ》12日《にち》、日曜日《にちようび》。よく晴《は》れて、朝《あさ》から少《すこ》し暑《あつ》いくらいだ。

朝《あさ》8時《じ》に、良太《りょうた》も耕介《こうすけ》も夏美《なつみ》も、公園《こうえん》に集《あつ》まった。〝良太《りょうた》アンド耕介商会《こうすけしょうかい》〟のほかにも、2つの店《みせ》が開店《かいてん》のしたくをはじめている。

夏美《なつみ》が、ぞうきんでジャングルジムをふいている。ふきおわったら、良太《りょうた》と耕《こう》介《すけ》のそれぞれがかかえてきた段《だん》ボール箱《ばこ》から衣類《いるい》を取《と》り出《だ》してハンガーにかけ、ジャングルジムにひっかけていく。

良太《りょうた》と耕介《こうすけ》は、ジャングルジムの前《まえ》にビニールシートを広《ひろ》げてしく。お客《きゃく》さんがジャングルジムにひっかけた衣類《いるい》を見《み》に行《い》かれるように、すき間《ま》をあけながら。

良太《りょうた》が公園《こうえん》の奥《おく》から大《おお》きめの石《いし》をいくつかひろってきて、ビニールシートのすみに置《お》いた。シートが風《かぜ》でとばされないようにというくふうだ。

ビニールシートの上《うえ》にも、おもちゃや本《ほん》やマンガなどの「商品《しょうひん》」をならべていく。そして、あちこちにPOP《ポップ》も立《た》てる。

8時半《じはん》になると、となりの「1丁目旅行《ちょうめりょこう》会《かい》」も準備《じゅんび》をはじめた。おばあちゃんたちは、皿《さら》やどんぶりなどをたくさんならべている。使《つか》わない食器《しょっき》を売《う》るつもりらしい。花《か》びんも、いくつかならんでいる。

〝良太《りょうた》アンド耕介商会《こうすけしょうかい》〟は、9時半《じはん》ごろには、売《う》るものをみんなならべおえた。そのあと、商品《しょうひん》をならべたビニールシートとは別《べつ》に小《ちい》さいシートをしいて、そこに、おつりのお金《かね》をいれたクッキーの空《あ》き缶《かん》や、「売《う》るものの一覧表《いちらんひょう》」を置《お》く。ここに耕介《こうすけ》がすわれば、レジになるのだ。

最後《さいご》に、もう1枚《まい》のこっていた〝良太《りょうた》ア

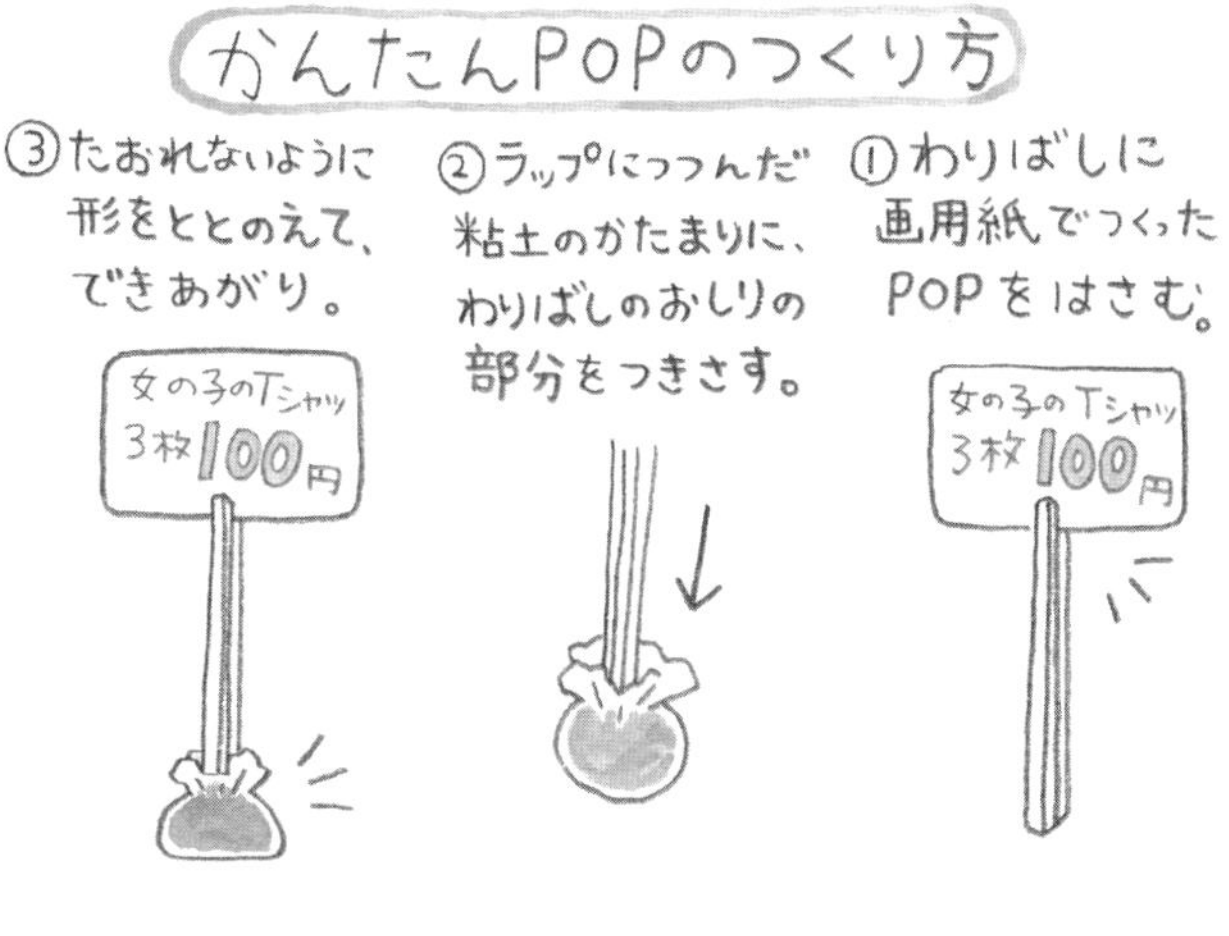
かんたんPOPのつくり方
①わりばしに画用紙でつくったPOPをはさむ。
②ラップにつつんだ粘土のかたまりに、わりばしのおしりの部分をつきさす。
③たおれないように形をととのえて、できあがり。
女の子のTシャツ 3枚100円
女の子のTシャツ 3枚100円

ンド耕介商会《こうすけしょうかい》〟のポスターをガムテープでジャングルジムにはろうとしていると
き、良太《りょうた》のおとうさんがやってきていった。
「ずいぶんきれいにできたな」
耕介《こうすけ》のおとうさんも、「だいじょうぶか?」といいながら、やってきた。ふたり
のおとうさんは、「おはようございます」とあいさつして、「どうですか、引《ひ》っこし
荷物《にもつ》は、もう、すっかり片《かた》づきましたか?」などと話《はな》している。

午前《ごぜん》10時《じ》になった。気《き》がつくと、公園中《こうえんじゅう》にたくさんのグループが店開《みせびら》きをして、
ずいぶんにぎやかだ。でも、まだお店《みせ》をやる人《ひと》ばかりで、お客《きゃく》さんは、あまりきて
いない。

公園《こうえん》の入口《いりぐち》から、女《おんな》の子《こ》が3人入《にんはい》ってきた。3人《にん》は、耕介《こうすけ》たちのほうへ近《ちか》づいて
くる。ひとりは、いつか大縄《おおなわ》とびのときに笑《わら》いだした寺井《てらい》はるかだったから、耕介《こうすけ》
は、少《すこ》しきんちょうした。はるかは、耕介《こうすけ》たちが学校《がっこう》でくばったちらしを手《て》にもっ
ていた。ほかのふたりは、2組《くみ》の子《こ》たちらしい。

「へえー、すごいね。ちゃんとお店《みせ》だね」

はるかが良太《りょうた》に話《はな》しかけた。

「そうだろ」

良太《りょうた》は、得意《とくい》そうにこたえる。

「あのときは、ごめんね」

はるかが耕介《こうすけ》のほうをむいて、ちょっとまじめな声《こえ》でいった。

耕介《こうすけ》は、モヤモヤしていた気《き》もちが少《すこ》し楽《らく》になって、「うん」といった。

2組《くみ》の子《こ》たちは、お店《みせ》をながめるだけで、何《なに》も買《か》わなかったけれど、はるかは、少年《しょうねん》マンガ雑誌《ざっし》の古《ふる》い号《ごう》を2冊《さつ》買《か》ってくれた。1冊《さつ》10円《えん》だから、20円《えん》。良太《りょうた》がスーパーのビニールぶくろにいれて、わたす。耕介《こうすけ》がお金《かね》を受《う》け取《と》って、大《おお》きな声《こえ》で「ありがとうございます」といったら、はるかがにっこりした。

良太《りょうた》が「売《う》るもの一覧表《いちらんひょう》」を出《だ》して、「寺井《てらい》さんがはじめてのお客《きゃく》さんだ」といいながら、雑誌《ざっし》の名前《なまえ》の横《よこ》に「✓」のしるしをつける。売《う》れたものには、このしるしをつけることにしたのだ。

11時《じ》すぎ、公園《こうえん》の入口《いりぐち》から入《はい》ってきたのは、小野先生《おのせんせい》だった。良太《りょうた》が見《み》つけて、「せんせーい」と手《て》をふっている。

先生《せんせい》は、笑《わら》いながら近《ちか》づいてきた。手《て》に、ちらしをもっている。

「お店《みせ》の景気《けいき》はどう？」

「1組《くみ》の寺井《てらい》さんが最初《さいしょ》のお客《きゃく》さんで、そのあと、5人《にん》くらい買《か》ってくれたよ」

良太《りょうた》が報告《ほうこく》する。

小野先生《おのせんせい》は、男《おとこ》の子《こ》をひとりつれていた。先生《せんせい》の子《こ》どもの春樹《はるき》くん、小学校《しょうがっこう》2年生《ねんせい》だ。先生《せんせい》と春樹《はるき》くんは、日曜日《にちようび》なのにわざわざ電車《でんしゃ》にのってきてくれたのだ。

「1丁目旅行会《ちょうめりょこうかい》」のおばあちゃんたちが、小野先生《おのせんせい》に気《き》がついて、あいさつをしている。良太《りょうた》のおばあちゃんは、帽子《ぼうし》をぬいで「わざわざありがとうございます」と何回《なんかい》もおじぎをした。

先生《せんせい》は、おばあちゃんたちの店《みせ》の食器《しょっき》を手《て》に取《と》って、見《み》はじめた。春樹《はるき》くんは、〝良太《りょうた》アンド耕介商会《こうすけしょうかい》〟のおもちゃや本《ほん》を見《み》ている。春樹《はるき》くんは、先生《せんせい》にたのんで、『にんじゃトットリくん』のシリーズを買《か》ってもらった。

小野《おの》先生《せんせい》たちが帰《かえ》った11時半《じはん》ごろから、公園《こうえん》は、人《ひと》でいっぱいになった。〝良太《りょうた》アンド耕介商会《こうすけしょうかい》〟にも、小《ちい》さい子《こ》どもをつれた若《わか》いおかあさんがつぎつぎにやってきて、ジャングルジムにハンガーでひっかけてある洋服《ようふく》を見《み》ている。おかあさんたちは、たいてい夏美《なつみ》に話《はな》しかけて、何枚《なんまい》かずつ買《か》ってくれた。いらなくなったハンガーがビニールシートにつみあげられていく。

12時《じ》に、耕介《こうすけ》のおかあさんと良太《りょうた》のおかあさんがお弁当《べんとう》を届《とど》けてくれたのだけれど、いそがしくて、すぐには食《た》べられなかった。夏美《なつみ》、良太《りょうた》、耕介《こうすけ》の順《じゅん》で交替《こうたい》で食《た》べる。耕介《こうすけ》が食《た》べおわったのは、1時半《じはん》ごろだった。

午後《ごご》3時《じ》をすぎたら、急《きゅう》にお客《きゃく》さんがいなくなった。もう片《かた》づけはじめている人《ひと》たちもいる。耕介《こうすけ》たちも、いらなくなったハンガーやPOP《ポップ》を段《だん》ボール箱《ばこ》にしまったり、のこり少《すく》なくなった売《う》るものを1枚《まい》のシートに集《あつ》めて、そのほかのシートをたたんだりした。

4時前《じまえ》には、耕介《こうすけ》のおとうさんがようすを見《み》にきて、片《かた》づけもいっしょにやってくれた。おしまいに、ジャングルジムにはってあった〝良太《りょうた》アンド耕介商会《こうすけしょうかい》〟の

良太アンド
商会

ポスターをはがしたら、おとうさんが「みんな、おつかれさん」といって、拍手《はくしゅ》をしてくれた。

「あー、つかれたなー」と、良太《りょうた》がいう。

「1日《にち》、よくはたらいたな」と、耕介《こうすけ》もいう。

「でも、おもしろかったね」

夏美《なつみ》がいちばん元気《げんき》だ。

おとうさんが、「きょうは、良太《りょうた》くんも、うちで、ふろに入《はい》って、いっしょに夕《ゆう》ごはんを食《た》べよう」といった。

最後《さいご》の会議《かいぎ》

翌日《よくじつ》の月曜日《げつようび》。

夕方《ゆうがた》から、耕介《こうすけ》のうちで〝良太《りょうた》アンド耕介商会《こうすけしょうかい》〟の会議《かいぎ》がひらかれた。きょうは、どれくらい売《う》り上《あ》げがあったか、あらためて確認《かくにん》する会議《かいぎ》なのだ。夏美《なつみ》も、ちゃんと出席《しゅっせき》している。

「売《う》るもの一覧表《いちらんひょう》」を出《だ》して、「✓」のしるしがついているものの値段《ねだん》を計算《けいさん》していく。電卓《でんたく》を使《つか》って、どんどん足《た》し算《ざん》していくのだ。

良太《りょうた》の出《だ》した商品《しょうひん》と、耕介《こうすけ》の出《だ》した商品《しょうひん》とは、別々《べつべつ》に集計《しゅうけい》する。良太《りょうた》のぶんが2960円《えん》、耕介《こうすけ》のぶんが4590円《えん》だった。売《う》り上《あ》げは、全部《ぜんぶ》で7550円《えん》ということになる。

今度《こんど》は、缶《かん》の中《なか》のお金《かね》を出《だ》して、ちゃんと7550円《えん》あるかどうか、数《かぞ》えていく。ところが、20円《えん》足《た》りない。缶《かん》の中《なか》のお金《かね》も「売《う》るもの一覧表《いちらんひょう》」も、もう一度《いちど》たしかめたけれど、どちらもまちがっていないのに……。

「おかしいな。どこへいったのかな、20円《えん》」と3人《にん》で悩《なや》んでいると、おかあさんが「おつりを多《おお》くあげちゃったのかな。まあ、しかたがないわよ」といった。しかたがないから、足《た》りない20円《えん》を良太《りょうた》と耕介《こうすけ》で10円《えん》ずつ出《だ》し合《あ》うことにして、良太《りょうた》の売《う》り上《あ》げは2950円《えん》、耕介《こうすけ》が4580円《えん》ということになった。

耕介《こうすけ》が立《た》て替《か》えていた、「売《う》るもの一覧表《いちらんひょう》」やちらし、ポスターのコピー代《だい》は、ふたりで半分《はんぶん》ずつ出《だ》し合《あ》うことにした。コピー代《だい》を引《ひ》いた売《う》り上《あ》げは、良太《りょうた》が2

670円《えん》、耕介《こうすけ》が4300円《えん》だ。耕介《こうすけ》は、売《う》り上《あ》げの半分《はんぶん》の2150円《えん》を夏美《なつみ》にあげた。

夏美《なつみ》が「えっ、半分《はんぶん》くれるの?」というと、良太《りょうた》が「そりゃあ、そうだよ。夏《なつ》美《み》ちゃん、よくはたらいたじゃないか」といった。耕介《こうすけ》も、「うん」と大《おお》きくうなずいた。

「えー、これをもちまして、〝良太《りょうた》アンド耕介商会《こうすけしょうかい》〟は解散《かいさん》します。みなさん、たいへんおつかれさまでした」

良太《りょうた》が、最後《さいご》に社長《しゃちょう》としてのあいさつをする。

「ねえ、ねえ、でも、またやろうね」

良太《りょうた》がそうつけ加《くわ》えたから、耕介《こうすけ》も夏美《なつみ》も、「また、やろう」といった。

はがきを出《だ》した。返事《へんじ》をもらった

木曜日《もくようび》

フリーマーケットをやった日曜日《にちようび》の週《しゅう》の木曜日《もくようび》。5年《ねん》1組《くみ》の帰《かえ》りの会《かい》で、学級《がっきゅう》通信《つうしん》『たんぽぽ』がくばられた。もう4号《ごう》になっている。『たんぽぽ』の下半分《したはんぶん》には、「ありがとうございました」という見出《みだ》しの文章《ぶんしょう》がのっていた。

ありがとうございました

5月《がつ》12日《にち》の日曜日《にちようび》、1丁目《ちょうめ》のぞうさん公園《こうえん》でフリーマーケットがひらかれました。

ぼくたち「良太《りょうた》アンド耕介商会《こうすけしょうかい》」も、フリーマーケットにお店《みせ》を出《だ》しました。

お店《みせ》には、5年《ねん》1組《くみ》のみんなも、たくさんきてくれました。ありがとう。弟《おとうと》や妹《いもうと》をつれてきてくれた人《ひと》もいました。小野先生《おのせんせい》も、春樹《はるき》くんといっしょにきてくださいました。ありがとうございました。

おかげさまで売《う》り上《あ》げもたくさんありましたが、それより、うれしかったのは、みんながきてくれたことです。「良太《りょうた》アンド耕介商会《こうすけしょうかい》」のメンバーでいろいろな準備《じゅんび》をしたり、日曜日《にちようび》にはたらいたことも、とても、おもしろかったです。

おばあちゃんたち、おとうさんたち、おかあさんたちも、いっぱい協力《きょうりょく》してくれました。ありがとうございます。

「良太《りょうた》アンド耕介商会《こうすけしょうかい》」は、また、いつかお店《みせ》を出《だ》します。どうぞ、お楽《たの》しみに。

良太《りょうた》アンド耕介商会《こうすけしょうかい》（松田良太《まつだりょうた》・清水耕介《しみずこうすけ》・清水夏美《しみずなつみ》）

月曜日《げつようび》の最後《さいご》の会議《かいぎ》のあと、相談《そうだん》して下書《したが》きをした文章《ぶんしょう》だ。耕介《こうすけ》が清書《せいしょ》したの

5年1組 学級通信
たんぽぽ
4号
2012年 5月
ありがとうございました

を、ふたりで小野先生《おのせんせい》に見《み》せて、『たんぽぽ』にのせてくださいとお願《ねが》いしたのだった。文章《ぶんしょう》を読《よ》んだ先生《せんせい》は、「つぎの号《ごう》にのせるわ」といってくれた。

耕介《こうすけ》は、読《よ》み直《なお》すとなんだか「ありがとう」だらけの文章《ぶんしょう》だなと思《おも》ったけれど、『たんぽぽ』を読《よ》んだみんなは、「今度《こんど》、いつやるの?」と聞《き》いたり、「ぼくも社員《しゃいん》にして」といったりしてくれた。

金曜日《きんようび》

翌日《よくじつ》の金曜日《きんようび》。家《いえ》に帰《かえ》ってきた耕介《こうすけ》が、ランドセルをしょったまま、おかあさんにいった。

「ねえ、いまからでも転居通知《てんきょつうち》をつくろうかな」

「ああ、いいんじゃない。下書《したが》きしてくれれば、パソコンで打《う》って、印刷《いんさつ》してあげるわよ」

耕介《こうすけ》は、おやつを食《た》べたあとのリビングルームのテーブルで、下書《したが》きをする。

お元気《げんき》ですか。

3月《がつ》30日《にち》に、東京《とうきょう》に引《ひ》っこしました。

東京《とうきょう》では、けやきの町小学校《まちしょうがっこう》の5年《ねん》1組《くみ》になりました。

友《とも》だちもできて、このあいだの日曜日《にちようび》には、いっしょにフリーマーケットにお店《みせ》を出《だ》しました。

これからも、どうぞ、よろしくお願《ねが》いします。

20＊＊年《ねん》5月《がつ》

郵便番号《ゆうびんばんごう》　100―0000　東京都北多摩市《とうきょうときたたまし》けやきの町《まち》1丁目《ちょうめ》2―6
電話《でんわ》　04＊―＊＊―1235

清水耕介《しみずこうすけ》

下書《したが》きを見《み》せると、おかあさんは、「フリーマーケットのときの写真《しゃしん》もいれようか」といった。お昼《ひる》にお弁当《べんとう》を届《とど》けにきたとき、おかあさんは、カメラでいろいろな写真《しゃしん》をとっていたのだ。ちょうどいそがしい時間《じかん》だったけれど、良太《りょうた》も耕介《こうすけ》も夏美《なつみ》も、そのなかの1枚《まい》に、帽子《ぼうし》をとって、いっしゅんだけピースサインをしてうつっていた。

「それで、印刷《いんさつ》は何枚《なんまい》？」

「仙台《せんだい》のサッカー部《ぶ》のみんなに出《だ》すから、15枚《まい》かな」

そういえば、このあいだの水曜日《すいようび》の放課後《ほうかご》、けやきの町小学校《まちしょうがっこう》のサッカー部《ぶ》にはじめて見学《けんがく》に行《い》った。1組《くみ》の和田《わだ》くんにたのんだら、つれていってくれた。和田《わだ》くんも、フリーマーケットに、3年生《ねんせい》の弟《おとうと》といっしょにきてくれたのだ。あすの土曜日《どようび》、また、サッカー部《ぶ》の練習《れんしゅう》に行《い》って、今度《こんど》は正式《せいしき》な入会申《にゅうかいもう》し

込《こ》みをするつもりだ。

土曜日《どようび》、そして、そのつぎの金曜日《きんようび》

転居通知《てんきょつうち》15枚《まい》は、あて名《な》を書《か》いて、つぎの日《ひ》の土曜日《どようび》の午後《ごご》、サッカーに行《い》く前《まえ》にポストにいれた。

そして、そのまたつぎの週《しゅう》の金曜日《きんようび》。学校《がっこう》から帰《かえ》ったら、仙台《せんだい》からはがきが1枚《まい》届《とど》いていた。

耕介《こうすけ》、引《ひ》っこしのお知《し》らせありがとう。

耕介《こうすけ》のこと、サッカー部《ぶ》のみんなでときどき話《はな》しています。

フリーマーケット、やったんだね。写真《しゃしん》を見《み》て、おもしろそーと思《おも》いました。

ぼくらのサッカー部《ぶ》は、連休《れんきゅう》のとき、第三小学校《だいさんしょうがっこう》サッカー部《ぶ》にはじめて勝《か》ちました。2—0でした。なかなか勝《か》てなかった三小《さんしょう》にはじめて勝《か》ったから、みんな、大《おお》よろこびでした（うちのおかあさんなんて、泣《な》いてよろこんだんだよ)。

今度《こんど》また、仙台《せんだい》にあそびにきてください。みんなで待《ま》ってます。

では、また。元気《げんき》でね。さようなら。

田口雄太郎《たぐちゆうたろう》

雄太郎《ゆうたろう》からのはがきだったから、びっくりした。雄太郎《ゆうたろう》はミッドフィルダーで、学年《がくねん》のまとめ役《やく》だ。

「今度《こんど》また、仙台《せんだい》にあそびにきてください。みんなで待《ま》ってます」

おとうさんにたのんで、夏休《なつやす》みになったら仙台《せんだい》に行《い》きたいな。仙台《せんだい》は、よく知《し》っている町《まち》だから、ひとりで行《い》って、雄太郎《ゆうたろう》の家《いえ》に泊《と》めてもらってもいいかもしれない。

「今度《こんど》また、仙台《せんだい》にあそびにきてください。みんなで待《ま》ってます」

最初《さいしょ》に良太《りょうた》のくれたはがきにも、「みんなで待《ま》ってるよ」って書《か》いてあった。なんだか、急《きゅう》に友《とも》だちがふえたな。仙台《せんだい》の友《とも》だちと東京《とうきょう》の友《とも》だちと……。

良太《りょうた》からはがきをもらってから、いろいろな文章《ぶんしょう》を書《か》いたな。はがき、自己紹《じこしょう》介《かい》の手紙《てがみ》、フリーマーケットのちらし、ポスター……。書《か》くことで、いろいろな人《ひと》とつながっていけるのかな。

5月《がつ》も、あと1週間《しゅうかん》でおわる。東京《とうきょう》は、暑《あつ》くなるのが早《はや》い。耕介《こうすけ》も、もう半《はん》そでで学校《がっこう》に行《い》っている。

玄関《げんかん》のチャイムが鳴《な》っている。あ、「社長《しゃちょう》」がきたのかもしれない……。

おわりに――「書《か》くこと」でつながる

仙台《せんだい》から東京《とうきょう》の小学校《しょうがっこう》へ転校《てんこう》した、清水耕介《しみずこうすけ》の3月《がつ》、4月《がつ》、5月《がつ》の物語《ものがたり》を読《よ》んでくれてありがとう。

耕介《こうすけ》は、良太《りょうた》といっしょにやったフリーマーケットをとおして、東《とう》京《きょう》のみんなとつながりはじめたようです。フリーマーケットの写真《しゃしん》をいれた転居通知《てんきょつうち》を出《だ》すことで、仙台《せんだい》の友《とも》だちとも、もう一度関係《いちどかんけい》をたしかめていますね。耕介《こうすけ》は、「書《か》くことで、いろいろな人《ひと》とつながっていけるのかな」と考《かんが》えます。

最初《さいしょ》にとどいた良太《りょうた》のはがきは、東京《とうきょう》から仙台《せんだい》へきました。耕介《こうすけ》の返事《へんじ》は、耕介《こうすけ》よりも一足早《ひとあしはや》く東京《とうきょう》へ。書《か》くことは、遠《とお》くへだたった場《ば》所《しょ》にいるふたりをむすんでくれます。

　書《か》くことは、話《はな》すこととちがうところがありますね。始業式《しぎょうしき》の日《ひ》、自己紹介《じこしょうかい》をすることになった耕介《こうすけ》は、少《すこ》ししか話《はな》すことができなかったけれど、そのあと先生《せんせい》にいわれて書《か》いた手紙《てがみ》はしっかり書《か》きました。耕介《こうすけ》は、自由帳《じゆうちょう》に下書《したが》きもしましたね。書《か》くことは、じっくり考《かんが》えてできるぶん、相手《あいて》にきちんと伝《つた》えられます。

　きちんと伝《つた》えられたら、相手《あいて》もきちんと受《う》けとめてくれるはずです。手紙《てがみ》でも、ちらしでも、書《か》かれたものをもらった人《ひと》は、それを何度《なんど》も読《よ》むことができるし、読《よ》んでゆっくり考《かんが》えることもできるからね。

　遠《とお》くにいる人《ひと》にも、近《ちか》くでいつもおしゃべりしている人《ひと》にも、ひとりにも、みんなにも、時《とき》には書《か》くことで呼《よ》びかけてみてください。きっと、それまでとはちがった新《あたら》しい、そして、深《ふか》いつながりが生《う》まれますよ。

宮川健郎（みやかわ　たけお）
1955年、東京都生まれ。児童文学研究者。武蔵野大学教授。立教大学文学部日本文学科卒業。同大学大学院博士課程前期課程修了。宮城教育大学助教授等をへて現職。おもな著書に『国語教育と現代児童文学のあいだ』（日本書籍）、『現代児童文学の語るもの』（日本放送出版協会）、『日ようびのおとうさんへ　本をとおして子どもとつきあう』（日本標準）、『子どもの本のはるなつあきふゆ』（岩崎書店）、『世界の名作どうわ』1～3年生（編著、偕成社）、『1年生からよめる日本の名作絵どうわ』全5巻（編著、岩崎書店）、子どものためのアンソロジー『きょうはこの本読みたいな』全16巻（共編、偕成社）、『ズッコケ三人組の大研究』全3巻（共編、ポプラ社）など。

藤原ヒロコ（ふじわら　ひろこ）
1972年大阪生まれ。イラストレーター。武蔵野美術大学視覚伝達デザイン学科卒業。書籍・雑誌のイラストを中心に活動中。挿画に『育育児典』『年老いた猫との暮らし方』（いずれも岩波書店）、『子育て支援ひだまり通信』（チャイルド本社）、『子どもは体育会系で育てよう』（阪急コミュニケーションズ）、雑誌イラストに『月刊クーヨン』（クレヨンハウス）、『婦人公論』（中央公論社）、『クロワッサン』（マガジンハウス）、『うちの猫のキモチがわかる本』（学研）など。子どもや猫のイラストに定評がある。藤原ヒロコイラストホームページ「散歩日和」http://www010.upp.so-net.ne.jp/fujiwara72/　オリジナル猫人形も制作している。「猫人形店」http://kucing2011.jugem.jp/

編集・制作：本作り空Sola
装丁：オーノリュウスケ（Factory701）

小学生《しょうがくせい》のための文章《ぶんしょう》レッスン

みんなに知《し》らせる

2012年11月25日　初版第1刷発行

作　宮川健郎
絵　藤原ヒロコ
発行者　小原芳明
発行所　玉川大学出版部
〒194-8610　東京都町田市玉川学園6-1-1
TEL 042-739-8935　FAX 042-739-8940
http://www.tamagawa.jp/introduction/press/
振替:00180-7-26665
編集　森 貴志

印刷・製本　日新印刷株式会社

乱丁・落丁本はお取り替えいたします。

Printed in Japan
ISBN978-4-472-30303-6 C8081 / NDC816